LES GRANDS ÉCRIVAINS FRANÇAIS

DESCARTES

PAR

ALFRED FOUILLÉE

VOLUMES DE LA COLLECTION DÉJÀ PARUS

DANS L'ORDRE DE LA PUBLICATION

Victor Cousin, par JULES SIMON.
Madame de Sévigné, par GASTON BOISSIER.
Montesquieu, par ALBERT SOREL.
George Sand, par E. CARO.
Turgot, par LÉON SAY.
Thiers, par P. DE RÉMUSAT.
D'Alembert, par JOSEPH BERTRAND.
Vauvenargues, par MAURICE PALÉOLOGUE.
Madame de Staël, par ALBERT SOREL.
Théophile Gautier, par MAXIME DU CAMP.
Bernardin de Saint-Pierre, par ARVÈDE BARINE.
Madame de La Fayette, par le comte D'HAUSSONVILLE.
Mirabeau, par EDMOND ROUSSE.
Rutebeuf, par CLÉDAT.
Stendhal, par ÉDOUARD ROD.
Alfred de Vigny, par MAURICE PALÉOLOGUE.
Boileau, par G. LANSON.
Chateaubriand, par DE LESCURE.
Fénelon, par PAUL JANET.
Saint-Simon, par GASTON BOISSIER.
Rabelais, par RENÉ MILLET.
J.-J. Rousseau, par ARTHUR CHUQUET.
Lesage, par EUGÈNE LINTILHAC.
Descartes, par ALFRED FOUILLÉE.
Victor Hugo, par LÉOPOLD MABILLEAU.
Alfred de Musset, par ARVÈDE BARINE.
Joseph de Maistre, par GEORGES COGORDAN.
Froissart, par MARY DARMESTETER.
Diderot, par JOSEPH REINACH.
Guizot, par A. BARDOUX.
Montaigne, par PAUL STAPFER.
La Rochefoucauld, par J. BOURDEAU.
Lacordaire, par le comte D'HAUSSONVILLE.
Royer-Collard, par E. SPULLER.
La Fontaine, par GEORGES LAFENESTRE.
Malherbe, par le duc DE BROGLIE.
Beaumarchais, par ANDRÉ HALLAYS.
Marivaux, par GASTON DESCHAMPS.
Racine, par GUSTAVE LARROUMET.
Mérimée, par AUGUSTIN FILON.
Corneille, par GUSTAVE LANSON.
Flaubert, par ÉMILE FAGUET.
Bossuet, par ALFRED RÉBELLIAU.
Pascal, par ÉMILE BOUTROUX.
François Villon, par G. PARIS.
Alexandre Dumas père, par HIPPOLYTE PARIGOT.
André Chénier, par EM. FAGUET.
La Bruyère, par PAUL MORILLOT.
Fontenelle, par LABORDE-MILAA.
Calvin, par BOSSERT.
Voltaire, par G. LANSON.
Molière, par G. LAFENESTRE.
Agrippa d'Aubigné, par S. ROCHEBLAVE.
Lamartine, par R. DOUMIC.
Balzac, par ÉMILE FAGUET.
Ronsard, par M. J. JUSSERAND.

Chaque volume, avec un portrait en héliogravure. . . . . 4 fr.

623-19. — Coulommiers. Imp. PAUL BRODARD. — 11-19.

Phot. Braunn Clément et Cie Paris

DESCARTES.

REPRODUCTION DU PORTRAIT PAR FRANZ HALS

conservé au Musée du Louvre

Imp. Ch. Wittmann

LES GRANDS ÉCRIVAINS FRANÇAIS

DESCARTES

PAR

ALFRED FOUILLÉE

TROISIÈME ÉDITION

LIBRAIRIE HACHETTE
79, BOULEVARD SAINT-GERMAIN, PARIS

1919

DESCARTES

INTRODUCTION

L'HOMME

Ce n'est point un vain orgueil national, c'est une légitime ambition qui fait que chaque peuple, par ses savants et ses philosophes, prétend avoir contribué pour la meilleure part au mouvement d'idées qui emporte le monde. « Votre nation, disait Hegel à Victor Cousin, a fait assez pour la philosophie en lui donnant Descartes. » Et il écrivait dans son histoire de la philosophie : « Descartes est le vrai fondateur de la philosophie moderne, en tant qu'elle prend la pensée pour principe. L'action de cet homme sur son siècle et sur les temps nouveaux ne sera jamais exagérée. C'est un héros ; il a repris les choses par les commencements. » Faut-il encore citer le témoignage des étrangers, moins suspect peut-être que celui des compatriotes de Descartes ? Selon un des premiers savants de l'Angleterre, Huxley, il y a deux sortes de grands hommes : les uns sont des miroirs vivants de leur époque, et, comme on l'a dit de Voltaire, expriment mieux que personne les pensées de tout le monde; d'autres, bien plus grands, expriment les pensées qui, deux ou trois siècles plus tard, seront les pensées de tous : « C'est un de ceux-ci que fut Descartes. Considérez n'importe laquelle parmi les plus capitales productions des temps modernes, soit dans la science, soit dans la philosophie, vous trouverez que le fond de l'idée, sinon la forme même, fut présent à son esprit. »

Si c'est pour un peuple une condition de vitalité que d'avoir le culte de ses gloires et de retremper sans cesse son génie dans les œuvres de ses grands hommes, la France ne saurait trop souvent reporter ses souvenirs vers celui qui, dans le domaine de la pensée, fut peut-être le plus grand de tous les Français. Supposez que Descartes fût né en Allemagne; on célébrerait son centenaire par des fêtes triomphales, comme on y célèbre Leibniz et Kant. Les commentaires de son œuvre, sans cesse renaissants, y formeraient, comme ceux de l'œuvre kantienne, une véritable bibliothèque. En un mot, il continuerait d'être un des perpétuels éducateurs et initiateurs de l'esprit national. En France, nous sommes plus sobres et d'honneurs et de commentaires. Faut-il donc réserver les longs travaux seulement pour la révolution de 1789 et pour Napoléon, sans se souvenir que Descartes, lui aussi, a fait une révolution, avant-courrière de l'autre, et livré ce qu'il appelait les « grandes batailles » ? Quoiqu'il semble, au premier abord, que tout ait été dit sur la philosophie cartésienne et sur ses destinées, nous croyons qu'il est toujours utile de ramener l'attention des philosophes et des savants vers ceux qui ont montré le but à atteindre et donné l'exemple des grands élans. Le progrès même des connaissances, à notre époque, nous expose à nous perdre dans les détails de l'analyse et dans des études spéciales qui rétrécissent nos perspectives. La fréquentation des génies nous ramènerait sur les sommets, devant les espaces infinis, d'où l'on entrevoit les premières lueurs des vérités avant même qu'elles soient levées sur l'horizon.

I. — « Le Breton Abailard, le Breton Descartes », disait Victor Cousin. Le fait est que René Descartes n'avait rien de breton : toute sa famille, de robe et d'épée, était du Poitou et de la Touraine. Son père, conseiller au parlement de Bretagne, ne venait à Rennes que pendant le semestre où ses fonctions l'y appelaient. René Descartes naquit, comme on sait, dans une petite ville de la Touraine, entre Tours et Poitiers, à la Haye, l'an 1596, le dernier jour de mars. L'affection maternelle lui manqua. Sa mère était morte, d'une maladie de poitrine, quelques jours après l'avoir mis au monde. Il avait hérité d'elle, dit-il, une toux sèche et une couleur pâle, « que j'ai gardée, jusqu'à l'âge de vingt ans, et qui faisait que tous les médecins qui m'ont vu avant ce temps me condamnaient à mourir jeune ». Son père, avec l'aide d'une nourrice pour laquelle Descartes se montra toujours reconnaissant et généreux, employa ses soins à fortifier cette santé trop chancelante. Jusqu'à l'âge de huit ans, on l'abandonna presque à lui-même et à ses jeux, sans vouloir surcharger son esprit de connaissances précoces.

Déjà pourtant il se montrait d'un caractère réfléchi, curieux, demandant le pourquoi de toutes choses, si bien que son père l'appelait son « petit philosophe ». A l'âge de huit ans, on l'envoie au collège de la Flèche, avec l'esprit encore frais et vif. A son extrême curiosité il joignait la seconde qualité du philosophe : une grande imagination, nécessaire à ces constructions idéales qui font de la métaphysique une poésie de la vérité. Il commença d'ailleurs, nous dit-il, par être « amoureux de la poésie »; il conserva toujours ce goût, et ses derniers écrits furent des vers, composés pour les fêtes qui, à Stockholm, suivirent la paix de Munster. A la Flèche, en raison de sa faible santé, Descartes restait au lit le matin plus longtemps que les autres élèves et employait son temps à méditer; il garda toute sa vie l'habitude d'étudier et même d'écrire dans son lit après le repos de la nuit. Et il dormait le plus longtemps qu'il pouvait. Il recommanda toujours une certaine paresse, jointe à un travail modéré, mais régulier, comme nécessaire à la production intellectuelle. S'il avait été témoin de notre surmenage, il aurait répété que quelques heures par jour bien employées sont préférables à cette fièvre de travail machinal. Ce fut surtout pendant sa dernière année de collège qu'il s'enfonça dans les études philosophiques et scientifiques. « J'avais appris, dit-il, tout ce que les autres apprenaient, et même, ne m'étant pas contenté des sciences qu'on nous enseignait, j'avais parcouru tous les livres traitant de celles qu'on estime les plus curieuses et les plus rares, qui avaient pu tomber entre mes mains. » Ce renseignement est propre à restreindre ce qu'il dit ailleurs, qu'il connaissait peu les livres. Il est vrai que plus tard il lisait rarement ; il n'avait guère de livres dans sa bibliothèque que ceux qui lui étaient adressés.

C'est surtout aux mathématiques qu'il se plaisait alors, « à cause de l'évidence de leurs raisons ». Il ne remarquait point encore, dit-il, leur véritable usage, qui est de servir non pas seulement aux « arts mécaniques », mais à l'intelligence de l'univers. La géométrie n'en laissa pas moins dans son esprit ce type d'intelligibilité et de certitude auquel il devait à la fin ramener toutes les autres sciences.

A dix-sept ans, Descartes se rend à Paris ; son seul mentor était son valet de chambre. Il mène d'abord joyeuse vie, se plaisant surtout au jeu, où il fut bientôt, comme Pascal, habile à juger de toutes les combinaisons. Bientôt ressaisi par la passion de l'étude, il disparaît, devient invisible à ses amis, qui le croient en Bretagne. Son biographe Baillet prétend qu'il était caché dans un faubourg de Paris. Le fait est qu'il étudiait le droit à Poitiers, où M. Beaussire a retrouvé, sur les registres de la faculté, aux dates des 9 et 10 novembre 1616, la mention de ses examens : *Nobilissimus dominus Renatius Descartes*,...

creatus fuit baccalaureus in utroque jure.... L'année suivante, il se résolut à ne plus chercher d'autre science « que celle qu'il trouverait en lui-même ou bien dans le grand livre du monde ». Il s'engage comme volontaire en Hollande, sous le prince Maurice de Nassau. L'instinct belliqueux que Descartes avait alors n'était, dit-il, que « l'effet d'une chaleur de foie qui s'éteignit dans la suite ». Plus tard il avait de la peine à donner place au métier de la guerre parmi les « professions honorables », en voyant que « l'oisiveté et le libertinage sont les deux principaux motifs qui y portent aujourd'hui la plupart des hommes ». Pour lui, il voulait surtout s'instruire, voyager en sécurité à travers toutes sortes de pays, étudier les mœurs des nations les plus diverses, enfin entrer en relation avec les savants du monde entier. Pendant qu'il se trouve à Bréda, il voit un grand concours de gens arrêtés devant une affiche en flamand. Il prie un de ses voisins de lui expliquer en latin ou en français ce qu'elle contient. Le voisin complaisant la traduit en latin : c'est un problème de géométrie dont on défie de trouver la solution. Ce traducteur, voulant se moquer du jeune officier, lui demande de lui apporter le lendemain la réponse désirée. Il n'était autre que le principal du collège de Dordrecht, un mathématicien éminent, Isaac Beeckman. Le lendemain, Descartes apporte la solution demandée. Frappé de son savoir, Beeckman lui offre son amitié. C'est pour Beeckman que Descartes écrivit son traité sur la *musique*, un art que le jeune savant devait toujours aimer.

Au bout de deux ans, Descartes quitte la Hollande pour l'Allemagne et prend part, dans les armées de l'électeur de Bavière, aux premières luttes de la guerre de Trente Ans. Il ne devait faire autre chose, pendant plusieurs années encore, que « rouler çà et là dans le monde, tâchant d'y être spectateur plutôt qu'acteur, dans les comédies qui s'y jouent ». Au commencement de 1619, l'hiver l'arrête sur les frontières de la Bavière, à Neubourg, sur le Danube. Ne trouvant « aucune conversation qui le divertît », n'étant troublé « par aucun soin, ni par aucune passion », il demeurait seul enfermé tout le jour dans une petite chambre chauffée par un poêle, « où il avait tout le loisir de s'entretenir de ses pensées ». C'est un moment solennel, et dans la vie de Descartes et dans l'histoire de la science, que cet hiver de Neubourg, où le jeune homme découvrit, avec l'application de l'algèbre à la géométrie, les règles de la mathématique universelle. Son imagination était surexcitée, il vivait dans un monde de figures et de mouvements qui lui apparaissaient se combinant à l'infini, selon des lois de composition régulière : c'était le monde des possibles, lié par un lien secret au monde des réalités. Comment trouver ce lien? Une clarté se fit dans son esprit : il se représenta les vérités géométriques d'une part, les vérités arithmétiques ou algébriques de l'autre, comme ne faisant qu'un dans une science générale de l'ordre et des proportions, qui serait « la mathématique universelle »; puis, dans cette mathématique il crut découvrir le secret de la nature entière. C'est ce que nous apprend la lecture du *Discours de la Méthode*; c'est ce que confirme son épitaphe, écrite par un de ses amis les plus intimes, Chanut : « Dans le loisir de l'hiver, comparant les mystères de la nature avec les lois de la mathématique, il osa espérer qu'une même clé pourrait ouvrir les secrets de l'une et de l'autre ». Dans ses *Olympiques*, Descartes disait que « le 10 novembre 1619, rempli d'enthousiasme, il avait trouvé les fondements d'une science admirable ». C'était la méthode d'analyse et de synthèse universelle, avec la réduction de l'algèbre, de la géométrie et de la mécanique à une seule et même science, celle de l'ordre et des proportions. Pendant la nuit suivante il eut trois songes, qu'il interpréta, avant même d'être éveillé, comme des révélations de l'esprit de vérité sur la voie qu'il devait suivre : *Quod vitæ sectabor iter?* Car il avait l'imagination ardente, une sorte d'exaltation intérieure qui allait, dit Voltaire, jusqu'à la « singularité », mais que contenait la raison la plus ferme peut-être qu'ait montrée un philosophe.

Dans une de ses notes, il écrit au sujet de ce jour décisif, par reconnaissance pour ce qu'il croyait être une inspiration divine : « Avant la fin de novembre, j'irai à Lorette et je m'y rendrai à pied de Venise ». L'hiver n'était pas encore bien achevé qu'il se remit à voyager.

II. — Ce n'est point sans raison qu'on a distingué

deux « cycles » — non moins héroïques l'un que l'autre — dans la philosophie de Descartes : le cycle mathématique et le cycle métaphysique. Le premier correspond, d'une manière générale, à la période voyageuse de son existence, où, tout en faisant la guerre, il est à la piste des travaux scientifiques, cherchant à faire connaissance avec les savants de chaque pays pour s'initier à leurs découvertes. S'il s'était engagé sous le prince Maurice de Nassau, c'est que le grand capitaine traînait après lui une escorte de mathématiciens et d'ingénieurs. Plus tard, Descartes entend-il parler des *Rose-Croix*, cette confrérie mystérieuse dont les membres promettaient aux hommes la « science véritable », le voilà qui se met à leur recherche. Il déclare qu'il n'a pu en rencontrer aucun, mais il leur dédie son ouvrage intitulé : *Trésor mathématique de Polybius le cosmopolite* ; et on a prétendu, malgré ses dénégations, qu'il faisait partie de cette confrérie, dont le but était de poursuivre la science en dehors de la théologie. Entre-t-il à Prague avec l'armée victorieuse, sa première pensée est de chercher la célèbre collection des instruments de Tycho Brahé. S'il abandonne, par la suite, le métier des armes, il continue encore de voyager : il visite le nord, revient du nord au midi, parcourt l'Italie ; à Venise, il voit le mariage du doge avec l'Adriatique ; il accomplit son pèlerinage à Lorette, assiste au jubilé de Rome et s'intéresse surtout au grand concours de peuple venu des pays les plus lointains. L'antiquité ne l'inquiète guère ; les mœurs du présent, avec leur diversité, l'occupent davantage : il semble qu'il éprouve une sorte de plaisir philosophique à voir combien tout est changeant dans le monde de l'expérience humaine, de nos lois et de nos mœurs, par opposition à ce monde immuable de la raison et des idées où il demeure toujours attaché par la pensée. Ainsi apprend-il à ne rien croire de ce qui n'est fondé « que sur la coutume, non sur la raison ». D'Italie, il rentre en France par la vallée de Suse, mais il se détourne de quelques lieues pour calculer la hauteur du Mont Cenis, y faire des observations météorologiques et chercher la cause des avalanches. Bientôt, à la suite d'entretiens avec le cardinal de Bérulle, il prend la résolution, depuis longtemps projetée, de se livrer tout entier et définitivement à la philosophie, et cela, non pas seulement en vue de la spéculation pure, mais « pour procurer, autant qu'il était en lui, le bien de ses semblables ». Descartes, en effet, eut toujours des préoccupations pratiques autant que théoriques. Il comparait volontiers la science universelle à un arbre dont la métaphysique est la racine, la physique le tronc, et dont les trois grandes ramifications sont la mécanique, la médecine et la morale, où s'épanouissent enfin tous les fruits qu'il est donné à l'homme de cueillir. Si, plus tard, il se retire en Hollande, dans le « désert » d'un peuple affairé, c'est pour accomplir en repos ce grand dessein. « Jusqu'à ce moment, dit son biographe Baillet, il n'avait encore embrassé aucun parti dans la philosophie. » Il devait séjourner vingt ans en Hollande, changeant souvent de résidence pour se dérober aux importuns. « Il ne tient qu'à moi, écrit-il à Balzac dans une lettre célèbre, de vivre ici inconnu à tout le monde. Je me promène tous les jours à travers un peuple immense, presque aussi tranquillement que vous pouvez le faire dans vos allées. Les hommes que je rencontre me font la même impression que si je voyais les arbres de vos forêts ou les troupeaux de vos campagnes. Le bruit même de tous les commerçants ne me distrait pas plus que si j'entendais le bruit d'un ruisseau..... Y a-t-il un pays dans le monde où l'on soit plus libre? » La liberté et la paix de l'esprit, c'étaient les deux plus grands biens pour notre philosophe, les deux conditions de cette recherche de la vérité à laquelle il avait promis de consacrer sa vie. Aussi blâmait-il tout ce qui enchaîne la liberté du penseur, certaines promesses ou certains vœux; et probablement, s'il ne se maria point, ce fut pour pouvoir se donner tout entier à l'étude. Mais ce cycle métaphysique, qui répond au séjour en Hollande, continue d'être en même temps scientifique, quoique d'une autre manière : Descartes, en s'occupant des diverses sciences, a le continuel souci d'une synthèse embrassant le monde entier. De là ce fameux *Traité du monde*, qu'un excès de prudence lui fit supprimer à la nouvelle de la condamnation de Galilée.

On voit que nous ne devons pas nous figurer

en Descartes un métaphysicien entièrement perdu, comme Malebranche, dans le monde idéal : c'est un savant ayant les yeux ouverts sur la nature entière, mais avec sa pensée idéaliste de derrière la tête. Il faut, dit Descartes à plusieurs reprises, il faut, une fois dans sa vie, comprendre les « principes de la métaphysique », puis étudier le monde de la pensée et le monde de l'étendue. Il avoue à la princesse Élisabeth, dans une de ses lettres les plus curieuses, qu'il serait « très nuisible » de n'occuper son entendement qu'à méditer les idées métaphysiques, à cause qu'il ne pourrait si bien vaquer aux fonctions « de l'imagination et des sens », mais il est absolument nécessaire, une bonne fois, de se faire une opinion raisonnée. La « principale règle » qu'il avait toujours observée en ses études, écrit-il encore à Élisabeth, était de n'employer que quelques heures par an aux pensées « qui n'occupent que le seul entendement », c'est-à-dire la métaphysique, « et quelques heures par jour aux pensées qui occupent l'entendement et l'imagination », c'est-à-dire aux mathématiques et à la physique. Le reste du jour devait être consacré à des délassements ou à des promenades dans les champs, à l'exclusion des « conversations sérieuses » ; et quant au repos de la nuit, il devait être aussi long que possible. « Je dors ici dix heures toutes les nuits, écrit-il à Balzac, et sans que jamais aucun soin ne m'éveille. Après que le sommeil a longtemps promené mon esprit dans les bois,... je mêle insensiblement mes rêveries du jour avec celles de la nuit; et quand je m'aperçois d'être éveillé, c'est seulement afin que mon contentement soit plus parfait et que mes sens y participent; car je ne suis pas si sévère que de leur refuser rien qu'un philosophe leur puisse permettre sans offenser sa conscience. » Les choses de la vie, en effet, qui se rapportent à « l'union de l'âme et du corps » se connaissent mal par « l'entendement et l'imagination », et « très clairement par les sens »; c'est donc en vivant qu'on a la vraie notion de la vie, qu'on se sent « une seule personne qui a ensemble un corps et une pensée ». Il conseille à Élisabeth de faire comme lui, de se laisser vivre, de ne point s'absorber trop longtemps ni trop exclusivement dans les pensées métaphysiques. Avis aux philosophes et au commun des mortels.

C'est sur les instances de la princesse Élisabeth que Descartes écrivit son *Traité des passions de l'âme*; plus tard il envoya à la reine de Suède son manuscrit, qui ne fut publié qu'en 1649 à Amsterdam. Descartes se plaisait à avoir pour disciples des femmes de haute intelligence. Il leur trouvait moins de préjugés, un esprit plus naturel, plus ouvert, plus sincère, par cela même une heureuse docilité, et tant d'empressement à le suivre! Les femmes, d'ailleurs, ayant le sens délicat des choses du cœur et de la conduite, s'intéressent surtout aux questions psychologiques et morales. Si Descartes commente Sénèque, s'il recherche en quoi consiste le souverain bien, c'est pour répondre soit à Élisabeth, soit à Christine; et ce sont encore les questions posées par Christine qui lui feront écrire à Chanut son admirable lettre sur l'amour. Descartes atteignait d'ailleurs l'âge où ces problèmes préoccupent davantage : il était « fatigué de la géométrie », il croyait avoir épuisé la métaphysique; il songeait surtout à écrire sur l'homme. Toute grande doctrine aboutit à la pratique, et, nous le savons, Descartes lui-même avait le souci des applications autant que des spéculations; c'est même là un des traits caractéristiques de son génie.

III. — Descartes eut toujours en horreur les controverses théologiques. Sa foi religieuse était sincère, mais il mettait *à part* de la science et de la philosophie « les vérités de la religion ». Il avait une telle notion de l'incompréhensibilité divine, qu'il pouvait bien, d'un côté, admettre une révélation qui n'était qu'un mystère de plus; mais, d'un autre côté, il considérait comme vaines les discussions sur les mystères. « Je révérais notre théologie », dit-il, mais « je pensais que, pour y réussir, il était besoin d'avoir quelque extraordinaire assistance du ciel et d'être *plus qu'homme* ». Dans le cours de leur enseignement, les jésuites séparaient assez volontiers la foi de la science, et permettaient toutes les études, toutes les lectures, pourvu qu'on réservât l'autorité de l'Église. Certaines sciences où il est inévitable d'entrer en conflit avec la théologie, telles que la critique historique, la géologie, l'anthropologie, n'existaient pas encore. Les jansénistes, moins tolérants que les jésuites, devaient bientôt regarder avec quelque défiance un bon nombre de sciences; Descartes, lui, conserva toujours un esprit de tolérance beaucoup plus large : il était porté à croire qu'il est avec la théologie des accommodements. Il avait trop parcouru le monde pour ne pas voir combien les croyances religieuses changent avec les pays : il gardait sa religion, parce qu'elle en valait une autre — et même lui semblait valoir mieux, — mais aussi parce que c'était la religion « en laquelle il était né ». Si le théologien réformé Regius le presse d'examiner les fondements de sa foi avec autant de soin que ceux de sa philosophie, il se borne à répondre : j'ai la religion du roi, j'ai la religion de ma nourrice. A ceux qui voulaient changer de culte, il conseillait de rester tranquilles dans la foi de leurs pères.

Le « sens figuré » de la Bible a toujours été un refuge pour les grands esprits qui furent en même temps des croyants. Descartes est du nombre. Il y a, selon lui, « des façons de parler de Dieu dont l'Écriture se sert ordinairement, qui sont accommodées à la capacité du vulgaire et qui contiennent bien quelque vérité, mais seulement en tant qu'elle est *rapportée aux hommes* ». Il y a d'autres façons de parler qui ont une valeur absolue et sont les objets d'une foi raisonnable : « ce sont celles qui expriment une vérité plus simple et plus pure, qui ne change point de nature, encore qu'elle ne soit point rapportée aux hommes ». On reconnaît ici la distinction familière à Descartes du sensible et de l'intelligible; ce fondement de toute sa philosophie était aussi le fondement de sa foi religieuse. Au-dessus de la lettre qui tue, il élève l'esprit qui vivifie, et l'esprit, c'est au fond la raison même, la vérité « simple et pure, qui ne change point de nature » avec les temps et avec ceux à qui elle s'adresse. A propos de la *Genèse*, « on pourrait dire que, cette histoire ayant été écrite pour l'homme, ce sont principalement les choses qui regardent l'homme que le Saint-Esprit y a voulu spécifier, et qu'il n'y est parlé d'aucune qu'en tant *qu'elles se rapportent à l'homme* ». Il n'est donc pas étonnant que, par rapport à l'homme, le soleil tourne!

Le langage de Descartes à Mlle Schurmann ne montre pas grande foi dans l'inspiration des Écritures en ce qui concerne la lettre et les détails. Descartes trouvait assez enfantin le récit de Moïse parlant au peuple le langage populaire. Comme Mlle Schurmann se récriait, Descartes lui assura qu'il avait été, lui aussi, curieux de savoir ce que disait exactement Moïse sur la création, et qu'il avait même appris l'hébreu pour en juger dans l'original; mais, « trouvant que Moïse n'a rien dit *clare et distincte* », il l'avait laissé là, « comme ne pouvant lui apporter aucune lumière en philosophie ». Descartes disait encore qu'il y aurait un livre curieux à écrire, et auquel il avait songé : des miracles; on y ferait voir tous les miracles que la science, surtout l'optique et la médecine, peut accomplir. Ce livre eût pu le mener loin.

En supprimant son *Traité du Monde*, Descartes invoque « le désir qu'il a de vivre en repos et de continuer la vie qu'il a commencée ». D'ailleurs il ne perd pas tout à fait espérance « qu'il n'en arrive ainsi que des antipodes, qui avaient été quasi en même sorte condamnés autrefois », et ainsi, que son *Monde* « ne puisse voir le jour avec le temps ». En attendant, on sait par quels subterfuges, dans son livre des *Principes*, il expose la théorie du mouvement de la terre, tout en la niant d'apparence. « Que ne preniez-vous un biais ? » écrivait-il à son ami Regius, qui s'était attiré des affaires par son imprudence.

Mais Descartes avait beau, après une jeunesse si vaillamment dépensée sur les champs de bataille, pousser désormais à l'excès la « prudence du serpent » qui lui paraissait de mise en théologie, cet homme né catholique et élève des jésuites avait le tempérament d'un protestant; il était — ce dont les protestants mêmes se dispensent parfois — le libre examen en personne. Sa méthode de doute et de critique, comment ne l'aurait-on pas bientôt appliquée à la théologie et à l'exégèse religieuse, comme à tout le reste ? Les cartésiens hollandais n'y manqueront pas, et Spinoza est proche. Aussi, malgré toutes ses précautions, Descartes finit, en Hollande même, par déchaîner contre lui les théologiens. La tendance des cartésiens de Hollande était de soumettre la théologie à la raison ; les théologiens dissidents faisaient cause commune avec les cartésiens. Les orthodoxes s'alarmèrent. On sait comment, dénoncé par Voetius, recteur de l'université d'Utrecht, Descartes fut appelé devant les magistrats pour répondre du crime d'athéisme et voir brûler ses livres par la main du bourreau. L'intervention de l'ambassadeur de France arrêta cette procédure.

IV. — Depuis longtemps sollicité par Christine de Suède, Descartes finit par quitter la Hollande et fut reçu à Stockholm avec de grands honneurs. Tous les jours, à cinq heures du matin, il se rendait dans la bibliothèque de la cour, et la reine l'écoutait disserter sur quelque question de philosophie. Mais le philosophe, dont la poitrine avait toujours été délicate, ne put résister aux rigueurs du climat et au changement de toutes ses habitudes. Il tomba malade quatre mois après son arrivée. Les médecins suédois voulurent le soigner : « Messieurs, leur criait-il, épargnez le sang français ». Il se laissa saigner au bout de huit jours, « trop tard », disent ses biographes ; nous pensons plutôt que la saignée hâta sa fin. Il mourut le 11 février 1650, à l'âge de cinquante-trois ans à peine.

En 1667, ses restes furent rapportés de Suède en France et ensevelis dans l'église Saint-Étienne-du-Mont ; le père Lallemand, chancelier de l'Université, allait prononcer son éloge funèbre quand arriva un ordre de la cour qui interdit tout panégyrique.

Le 20 novembre 1663, la congrégation de l'Index

proscrivait ses ouvrages, *donec corrigantur*. Qui les corrigera?

V. — Examinez, au Louvre, le portrait de Descartes par Franz Hals; vous y retrouverez cette grosse tête, « si pleine de raison et d'intelligence », disait Balzac, ce front large et avancé, ces cheveux noirs et rabattus sur des sourcils accentués, ces yeux grands ouverts, ce nez saillant, cette large bouche dont la lèvre inférieure dépasse légèrement celle de dessus, enfin toute cette physionomie sévère et un peu dédaigneuse où il y avait plus de force que de grâce. On lit sur son visage la méditation patiente, obstinée, qui rappelle le bœuf traçant son sillon. L'œil est scrutateur, il semble dire : qu'est cela? Les lèvres indiquent le jugement et le calme, avec de la bonté. De fait, ses biographes nous apprennent qu'il avait un naturel bon et sensible : il se fit aimer de tous ceux qui le servaient — y compris son valet Guillot, lequel devint, grâce à ses leçons, professeur de mathématiques. On sait qu'en Hollande il connut une personne nommée Hélène, avec laquelle il passa l'hiver de 1634 à 1635; au printemps, il s'enferma avec elle dans sa solitude de Deventer. Elle donna le jour à une fille, qui fut baptisée sous le nom de Francine et qui, cinq ans après, mourut entre les bras de son père, le 7 septembre 1640. Descartes n'éprouva jamais, dans sa vie, de plus grande douleur. C'est après la naissance de Francine, et en songeant peut-être à l'avenir de son enfant, que Descartes se résolut enfin à publier ses écrits. Il n'aimait pas à faire des livres — quoiqu'il en dût faire un si grand nombre; — et il ne les publiait que sur les instances réitérées de ses amis. Sa devise était: *Bene vixit, qui bene latuit.* Sa prudence de Tourangeau, son esprit de conduite, sa finesse, sa patience politique, son art de ménager les puissances tout en arrivant à ses fins, font songer qu'il est né à quelques pas du château de Richelieu. Sa forte personnalité, sa sincérité hautaine, que seule tempérait sa prudence, son indocilité aux opinions d'autrui, son assurance en soi-même, tenaient non à sa prétendue origine bretonne, mais simplement à la conscience de son génie. « Je suis devenu si philosophe, écrit-il à Balzac, que je méprise la plupart des choses qui sont ordinairement estimées, et en estime quelques autres dont on n'a point accoutumé de faire cas. » On lui a reproché le sentiment qu'il avait de sa valeur; il a répondu d'avance et fièrement: « Il se faut faire justice à soi-même, en reconnaissant ses perfections aussi bien que ses défauts; et si la bienséance empêche qu'on ne les publie, elle n'empêche pas pour cela qu'on ne les ressente. » — « D'ailleurs, ajoute-t-il, ce sont les plus grandes âmes qui font le moins d'état des biens qu'elles possèdent; il n'y a que les faibles et basses qui s'estiment plus qu'elles ne doivent et sont comme les petits vaisseaux que trois gouttes d'eau peuvent remplir. »

LIVRE I

LE SYSTÈME DU MONDE SELON DESCARTES ET SELON LA SCIENCE CONTEMPORAINE

CHAPITRE I

LA RÉVOLUTION CARTÉSIENNE

I. — Ceux qui nient la révolution cartésienne ne la comprennent point. Ils la font consister soit à conserver le principe d'autorité, qui était déjà ruiné; soit à admettre pour signe du vrai l'évidence, ce qui, en ces termes vagues, peut sembler une banalité; soit à prendre pour point de départ l'observation par la conscience et pour méthode la réflexion psychologique, ce qui est interpréter Descartes avec les préjugés de Victor Cousin. Il importe donc de marquer en quoi Descartes a renouvelé et l'idée de la science et l'idée de la méthode, car ce n'est rien moins que ce renouvellement qui caractérise la révolution cartésienne. A l'époque de Descartes, il ne manquait pas de philosophes pour intituler leurs ouvrages : *la Science nouvelle* ou *le Nouvel Organum*; mais ces titres ne conviennent proprement qu'à l'œuvre même de Descartes. Pour la comprendre, il faut donc caractériser ce qu'étaient avant lui et la science et la méthode. Les leçons de Descartes, croyons-nous, seront encore bonnes à entendre pour les savants et les philosophes de notre époque : qui peut jamais se flatter, même de nos jours, d'avoir entièrement dépouillé les préjugés scolastiques?

La logique d'Aristote, comme celle de Platon et de l'antiquité tout entière, c'était la logique de la « qualité » et de l' « essence », plutôt que de la quantité et des phénomènes. Les choses étaient conçues comme un système de qualités : l'homme, par exemple, comprend les qualités générales de l'animalité, plus une « qualité spécifique », qui est la raison; et celle-ci est son essence. Après avoir déterminé les qualités, on les réunissait en genres et espèces, on les classait : la classification semblait être le plus haut degré de la science, le résumé de l'univers. De là, les *Idées* de Platon, cette grande classification des choses dans l'éternité, à laquelle croient aujourd'hui ceux qui admettent l'immutabilité des espèces; de là, les *genres* d'Aristote, les définitions par « le genre et la différence », le syllogisme descendant du général au particulier. C'est donc, en somme, par les essences qu'on expliquait les choses : tout le mouvement de la science consistait soit à remonter de genre en genre, soit à descendre l'échelle des « différences spécifiques ». Aristote, il est vrai, attachait aux faits une légitime importance; il n'en est pas moins certain que ce qu'il poursuivait dans sa philosophie, c'était l'ordre hiérarchique des formes, ainsi que des causes finales : toute la science se déroulait pour lui dans le domaine infiniment varié de la qualité. Au moyen âge, ce qu'il pouvait y avoir de profond dans cette antique vision des choses fit place aux rêveries sur les « qualités occultes », sur les « formes substantielles », sur les finalités de la nature et les intentions du Créateur. Même quand on s'occupait des nombres et des figures, c'était moins pour découvrir leurs rapports mathématiques que pour s'enchanter, comme Pythagore et Platon, de leurs harmonies esthétiques, de leur ordre, de leur finalité cachée. Képler était animé de cet esprit quand il pythagorisait; quand il apercevait dans les orbites des astres (auxquels il donnait des âmes) non la nécessité mathématique, mais la poursuite divine des lignes les plus belles et les plus harmonieuses. Képler admettait aussi les forces occultes, et s'il devinait que la lune produit les marées, il lui attribuait aussitôt la vertu étrange d' « astre humide ». C'étaient toujours les composés et leurs « qualités », non les éléments et leurs rapports quantitatifs que poursuivait la science de l'antiquité et du moyen âge. Si donc il est vrai de dire, avec Kant, que l'explication finaliste est celle qui cherche la raison des parties dans le tout qu'elles forment, comme la raison d'un organe dans l'organisme entier, au lieu dexpliquer le tout par les parties et l'organisme par les organes élémentaires, nous pouvons conclure que la science de l'antiquité et du moyen âge, en son ensemble, fut une vaste spéculation sur les causes finales, par conséquent une esthétique, une morale et, en dernière analyse, une théologie ; car le principe suprême de l'ordre, du beau, du bien, de la finalité sous toutes ses formes, c'était Dieu. On croyait que, déroulant le plan divin, la nature même procédait des idées aux choses, du général au singulier, et descendait, pour ainsi dire, du but universel préalablement imposé par Dieu à la série des moyens particuliers capables de l'atteindre.

A la Renaissance, deux grands courants se produisirent, de plus en plus irrésistibles, qui allaient aboutir à la révolution cartésienne : on peut appeler l'un le courant expérimental , l'autre le courant mathématique. Les grands initiateurs de la Renaissance renouvellent partiellement et la méthode et les diverses sciences. Léonard de Vinci, non moins savant qu'artiste, excite à l'observation de la nature, dont l'expérience, dit-il, est la « seule interprète ». D'autres observateurs étudient les êtres vivants — Rondelet, Vésale, Servet, Aselli, Harvey, — non sans mêler bien des chimères à leurs observations. En somme, les physiciens et les naturalistes avaient beau induire et expérimenter, la théorie même de l'induction et de l'expérimentation était toujours représentée comme une recherche des *essences*, des *qualités* propres aux choses, des *formes* sous lesquelles elles se révèlent à nous, enfin des *puissances* et des *forces* qu'elles enveloppent. D'autre part, les mathématiciens ne songeaient guère à universaliser leur science : ce qu'ils cherchaient dans les nombres et les figures, c'était toujours la qualité plus encore que la quantité et les rapports abstraits. La géométrie et l'arithmétique demeuraient des spécialités et même, en grande partie, selon le mot de Descartes, des « curiosités ». On s'amusait à résoudre des problèmes et à s'envoyer des cartels mathématiques d'un bout de l'Europe à l'autre, pour se disputer l'honneur d'avoir deviné quelque énigme. C'étaient de vastes parties de jeu intellectuel. Les mathématiciens, d'ailleurs, le disputaient parfois aux physiciens en fantaisies de l'imagination. Pourtant, avec Tartaglia, Cardan, Ferrari, Viète, Neper, Snellius, les sciences mathématiques faisaient des progrès de plus en plus rapides. Galilée a la gloire d'avoir appliqué le premier les mathématiques à la physique selon l'esprit de la science moderne. Il avait la passion de la *mesure* appliquée à toutes choses : la règle et le compas, voilà ses instruments de prédilection et comme les « attributs » de son génie. Même quand il ne pouvait résoudre directement un problème de géométrie, il s'adressait encore à la mesure pour tourner la difficulté. Demandait-on aux géomètres d'évaluer le rapport de l'aire de la cycloïde ordinaire à celle du cercle générateur, le nouvel Archimède de Florence pesait deux lames de même matière et de même épaisseur, dont l'une avait la forme d'un cercle, l'autre la forme de la cycloïde engendrée ; puis, trouvant le poids de la seconde constamment triple du poids de la première, il concluait : l'aire de la cycloïde est triple de l'aire du cercle générateur. C'était l'induction et l'expérimentation remplaçant la déduction *a priori*. Mais Galilée, tout en donnant tant d'exemples admirables de la méthode *positive*, ne s'élevait pas à une vue de la nature, de la science et de la méthode même, qui fût en complète opposition avec le passé. Il ne se demandait point si on ne pourrait pas substituer partout, dans le monde physique, des quantités aux qualités, aux forces et causes efficientes, enfin aux causes finales. Il admettait que les plus petites parties des corps sont pleines, mais séparées par des vides; que la matière renferme des « forces motrices » ou « causes efficientes », qui ont pour « effet naturel » de transporter certaines masses à certaines distances en des temps donnés; il admettait jusqu'à la « force du vide »; il déclarait les « causes finales » évidentes dans la nature : c'était même au nom des causes finales qu'il rejetait l'hypothèse de Ptolémée, comme plus compliquée et moins harmonieuse que celle de Copernic. — « Galilée, dit Descartes, examine les matières de physique par des raisons mathématiques, et en cela je m'accorde avec lui, car je tiens qu'il n'y a pas d'autre moyen pour trouver la vérité. » — Mais, ajoute Descartes avec une sévérité hautaine, « Galilée ne fait que des digressions et n'explique suffisamment aucune matière, ce qui montre qu'il ne les a point examinées *par ordre*, et que, sans avoir considéré les *premières causes de la nature*, il a seulement cherché les raisons de quelques *effets* particuliers, et ainsi qu'il a bâti sans *fondements*. » — Quelque injuste que soit cette appréciation trop sommaire, elle nous montre bien qu'aux yeux de Descartes, la vérité scientifique n'acquiert sa définitive valeur qu'en devenant partie intégrante d'un système qui enferme, d'une part, les lois générales du monde, et de l'autre, celles de l'intelligence humaine.

Combien Bacon, trop célébré, est loin de Galilée! Il n'invente rien, ni dans la philosophie, ni dans les sciences, dont il s'occupe en dilettante. Il se borne à analyser, avec une minutie plus imaginative que rationnelle, les procédés de l'observation et de l'induction. Sa méthode est insuffisante, même dans les sciences expérimentales, parce qu'elle n'accorde point leur place légitime ni à l'hypothèse, ni à la déduction, ni au calcul. Bacon se défie des mathématiques, qui doivent être, dit-il, les servantes et non les maîtresses de la physique. Il combat aveuglément le système de Copernic pour y substituer un système de sa façon, enfantin et burlesque. On lui a justement reproché d'admettre une masse de superstitions, de prêter aux corps une espèce d'« imagination »; de faire « reconnaître à l'aimant la proximité du fer »; de supposer la « sympathie » ou l'« antipathie » des « esprits » comme cause des phénomènes naturels; de croire à la suppression des verrues par la sympathie; d'admettre le « mauvais œil »; de mêler la « chaleur astrologique » d'un métal ou d'une constellation à la chaleur telle que l'entend la physique. Bacon, quand il est plus pénétré du véritable esprit de la science, ne cesse pas de se perdre dans des classifications incertaines qui se prêtent à toutes les imaginations; il nous décrit les « cas migrants », les « cas solitaires », les « cas clandestins », etc. Il met trop souvent des métaphores à la place de démonstrations.

En somme, on a justement appliqué au XVIIe siècle tout entier ce que Campanella, jouant sur le sens de son propre nom, disait de lui-même : « Je suis la cloche qui annonce le lever du jour ». Le jour n'est levé que quand ont disparu toutes les ombres, tous les fantômes créés par la nuit, quand les réalités apparaissent avec leurs vrais contours, à leur vraie place, dans la pleine lumière qui les fait saillir. Ce complet lever de la science moderne, avec la disparition simultanée de toutes les chimères et de tous les rêves scolastiques, il commence avec Descartes. Le système cartésien du monde, s'il renferme des erreurs, ne laisse pas place à une seule des entités, formes et vertus occultes qui peuplaient avant lui la philosophie et la science. Nous allons même voir que, sous ce rapport, Descartes est en avance sur beaucoup de doctrines contemporaines, si bien qu'il n'y a pas, dans toute l'histoire, pareil exemple d'un changement à vue aussi complet.

II. — D'abord, Descartes n'attribue plus aux genres et aux espèces une valeur indépendante de notre esprit; il n'y voit aucune révélation du plan divin. La classification n'est plus pour lui l'opération fondamentale de la science : ranger tous les êtres dans leurs groupes respectifs, les hommes dans le groupe de l'humanité, les animaux dans le groupe de l'animalité, ce n'est point avoir pénétré dans la réalité même. Le premier stage de la science, c'est sans doute de définir et de classer les qualités apparentes des choses, comme la couleur, le son, la pesanteur, etc. ; mais, selon Descartes, à quoi tiennent toutes ces qualités ? A nous, non aux choses ; elles ne sont donc pas le véritable objet de la science. Les *formes* mêmes des choses, comme la forme d'une plante, d'un animal, ne sont que des résultats dérivés, des combinaisons de qualités visibles ou tangibles qui, provenant de nos sensations, ne représentent point la véritable nature des objets. Seules les formes géométriques répondent à quelque chose d'indépendant de nous, mais ces formes sont encore des dérivés du mouvement dans l'étendue. C'est donc, en somme, le mouvement dans l'étendue qui est l'objet véritable de la science. Les genres et les espèces ne sont que des produits extérieurs ; ce qu'il y a de général dans les choses n'existe, au fond, que dans notre pensée. Le nombre même, dit Descartes dans ses *Principes*, « si nous le considérons en général sans faire réflexion sur aucune chose créée, *n'est point hors de notre pensée*, non plus que toutes ces autres idées générales que, dans l'école, on comprend sous l'idée d'universel ». Si une pierre tombe vers le centre de la terre, ce n'est pas parce qu'elle appartient au genre des corps pesants, c'est parce que le tourbillon de l'éther, animé d'une énorme vitesse centrifuge, ne peut pas ne pas repousser la pierre vers le centre. Si un homme meurt, ce n'est pas parce qu'il fait partie des animaux mortels, mais parce que « le feu sans lumière » qui entretient le mouvement de sa machine corporelle ne peut pas ne pas être éteint par des mouvements adverses. Expliquer, dans les sciences de la nature, c'est trouver la combinaison nécessaire de mouvements qui aboutit à tel mouvement actuel.

La philosophie antique et scolastique se perdait dans la considération des « choses » et de leurs « accidents ». Mais qu'est-ce qu'une chose? Il n'y a, dans la nature extérieure, aucune « chose » qui soit vraiment séparée du reste, rien qui possède une unité propre et inhérente : chaque ensemble de mouvements que nous appelons une pierre, un arbre ou même un animal, et que nous individualisons, n'est, au point de vue physique, qu'une partie inséparable d'un ensemble de mouvements plus vaste, qui l'englobe; et cet ensemble, à son tour, renferme d'autres mouvements et d'autres encore, à l'infini, puisque l'étendue est indéfiniment divisible et même indéfiniment divisée par le mouvement qui anime chacune de ses parties. C'est un tourbillon de tourbillons où le regard se perd, comme à compter, dans un gouffre d'eau tournante, les gouttes d'eau qui passent, reviennent, passent. Une *chose*, dans la nature, n'est donc qu'une portion de la quantité universelle, qui est l'étendue. Et maintenant, qu'est-ce qu'un « accident » inhérent à la chose? L'odeur, la saveur sont en nous, non dans le corps odorant ou sapide. Quant au mouvement, il n'est pas un « accident » de la *masse*, car la masse elle-même n'est rien, sinon l'expression d'une certaine quantité de mouvement; et, d'autre part, dira-t-on qu'un mouvement soit l' « accident » d'un autre mouvement, auquel il serait « inhérent »? Imaginations. Il n'y a donc point « d'accidents »; il n'y a qu'une étendue essentiellement mobile et où le mouvement, par des lois nécessaires, détermine des figures de toutes sortes. Ces figures mêmes, encore une fois, sont des résultats, non des principes. Un mouvement est rectiligne ou curviligne en vertu des liaisons de ses parties : il n'est pas dépendant de la ligne droite ou de la ligne courbe, qui ne lui importent guère. C'est nous qui trouvons, après coup, que tel mouvement a décrit une ligne droite ou une courbe, et nous nous extasions devant des harmonies qui n'existent que pour nous et par nous. Les noms et les qualités que nous donnons aux choses, nos substantifs et nos adjectifs, tout cela n'est que de la langue humaine : la nature ne connaît que l'alphabet mathématique.

Comme les genres et les espèces, l'ordre, la symétrie, la beauté n'existent pas dans les choses, mais en nous. Sans doute Descartes admet un ordre universel, mais purement logique; une symétrie, mais résultant des lois du nombre et de l'étendue, non antérieure et supérieure à ces lois; il admet une beauté, mais identique à la vérité même, parfaitement indépendante de ce qui peut plaire ou déplaire à nos sens. La beauté d'un paysage, en tant qu'elle résulte de couleurs, de sons, d'apparences sensibles qui nous charment, est nécessairement en nous, puisque tout ce qui la compose n'est qu'en nous. Le fond réel de la beauté est mathématique : les sons qui nous ravissent sont ceux qui ont entre eux des « rapports simples » ; le plaisir n'est qu'une idée « confuse » où nous percevons vaguement une géométrie cachée.

Restent ces fameuses causes efficientes et ces causes finales qui, sous diverses formes, faisaient l'objet de la spéculation antique et scolastique. Ici, Descartes est impitoyable. Il bannit d'abord du monde extérieur toutes les forces, même les forces motrices, qui ne sont pour lui que des mouvements *actuels*. La force, c'est le mouvement intestin et invisible d'où le mouvement visible de masse peut sortir, sous certaines conditions mathématiques. Descartes ne se contente pas de proscrire du monde physique la « force » ; c'est encore la « cause » même qu'il remplace par des rapports mathématiques. Faisons-y attention, le principe de causalité a deux sens possibles : ou il désigne la cause efficiente, c'est-à-dire une puissance active, une « efficace », d'où l'effet sortirait comme par génération, ainsi que l'enfant du ventre de sa mère. C'est là ce que chacun croit apercevoir en soi-même quand il fait effort pour atteindre un but. Mais y a-t-il, aux yeux de la science, rien de semblable dans le monde *exté-*

rieur? Non, répond Descartes, et il rejette de la nature visible tout ce qui ressemble, de près ou de loin, à une volonté, à une activité. Sur ce point encore, il inaugure la science moderne de la nature, qui ignore entièrement ou devrait ignorer les causes efficientes, leur vrai domaine étant le monde psychique. Agir et pâtir ne sont, répète Descartes, que « différentes façons de considérer une même chose ». Ce qui est actif sous un rapport est passif sous un autre : la flamme qui brûle le bois est active par rapport aux mouvements dont ses propres mouvements sont les principes; elle est passive par rapport aux mouvements dont ses propres mouvements sont les conséquences. D'une activité vraie, qui serait inhérente aux choses étendues comme telles, vous n'avez qu'une idée « confuse » et « obscure », ce qui prouve bien qu'alors vous ne concevez point « vraiment des choses *hors de vous* », mais simplement votre image dans les choses. La seule idée claire, ici, c'est celle de principe et de conséquence, et (puisqu'il s'agit de mouvements) de principe mathématique et de conséquence mathématique. L'activité, dans le monde des sciences de la nature, n'est donc qu'une métaphore humaine pour exprimer des relations toutes logiques, des rapports de dépendance mathématique entre les termes d'une équation.

Reste le second sens du principe de causalité, qui ne désigne plus alors qu'un rapport de succession constante entre des phénomènes. C'est le sens empirique, sur lequel Bacon et plus tard Stuart Mill ont tant insisté. Je frotte deux morceaux de bois l'un contre l'autre, et ils s'échauffent; Bacon dit : le frottement et la chaleur sont dans un rapport de succession constante, et il croit avoir ainsi trouvé une *loi* de la nature. Descartes, dédaigneux, ne voit là qu'un fait brut généralisé, et il demande : *Pourquoi?* Nous apprendre que la chose se passe toujours ainsi, c'est nous poser le problème à résoudre, ce n'est pas nous donner la solution. On ressemble alors aux hommes primitifs qui, mesurant les angles d'un premier triangle, puis d'un second, puis d'un troisième, trouvaient sensiblement la même somme et se contentaient de dire, en généralisant : la somme des angles est la même dans les divers triangles. Mais *pourquoi?*... Une loi de succession constante, ou de simultanéité constante, n'est pas une raison. Quand Galilée avait trouvé par la mesure son rapport d'aires, il ne pouvait pas en démontrer la nécessité. La causalité ainsi entendue n'est qu'une approximation pratique des vraies raisons explicatives. Aussi Descartes ne s'en contente-t-il pas : entre le frottement et la chaleur consécutive, il cherche un rapport de continuité mathématique, réductible logiquement, tout comme les rapports d'aires, à une déduction ayant pour loi l'axiome d'identité. La chaleur n'est qu'un mouvement, comme le frottement du bois; c'est le même mouvement qui se *continue* sous des formes diverses, d'abord comme va-et-vient des morceaux de bois, puis comme ébranlement de leurs particules subtiles. L' « effet » se réduit à la solution d'un théorème de mécanique dans la réalité; la « cause » se réduit aux données réelles de l'équation. La causalité empirique ou succession constante n'est donc que le masque de la nécessité rationnelle et de l'identité; l'induction n'est qu'une déduction retournée et incomplète : elle est utile, elle est nécessaire, mais elle n'est pas le terme de la science.

Quant aux causes finales, Descartes les chasse pour jamais du temple de la physique et de l'histoire naturelle. Entendez-le se moquer de ceux qui « croient assister au conseil de Dieu ». C'est, dit-il, une chose « puérile et absurde » de s'imaginer que Dieu, « à la façon d'un homme superbe, n'aurait point eu d'autre fin, en bâtissant le monde, que celle d'être loué par les hommes. Il n'aurait créé le soleil, qui est plusieurs fois plus grand que la terre, à autre fin que d'éclairer l'homme, qui n'en occupe qu'une petite partie! » — « Que de choses, ajoute-t-il, sont maintenant dans le monde, ou y ont été autrefois et ont cessé d'être, sans qu'aucun homme les ait jamais vues ou connues, et sans qu'elles aient jamais été d'aucun usage pour l'humanité! » Même en physiologie, Descartes rejette les causes finales au profit des raisons mécaniques. L' « usage admirable de chaque partie dans les plantes et dans les animaux » ne nous permet pas, dit-il, « de deviner pour quelle fin » chaque partie existe. En un mot, dans les sciences de la nature, « où toutes choses doivent être appuyées de solides raisons », la recherche des fins est « inepte ».

Bacon avait énuméré les erreurs et « idoles », mais le grand iconoclaste qui les a brisées, c'est Descartes.

Comme il n'y a qu'une intelligence « qui est toujours la même » et une vérité qui ne change pas, il ne peut y avoir, selon Descartes, qu'une méthode. Laquelle? Pour le savoir, Descartes se demande, comme fera Kant, dans quel ordre de connaissances on trouve ces deux signes : clarté de l'évidence et progrès incessant des découvertes. Même réponse pour Descartes et pour Kant : ce sont les mathématiques. Donc la méthode mathématique doit « envelopper » la vraie méthode, non parce qu'elle est mathématique (ce qui importe peu), mais parce qu'elle est l'intelligence procédant selon ses vraies lois. Raisonnez sur toutes choses avec le même souci des règles que le mathématicien, et vous raisonnerez juste. La méthode se ramène à chercher en tout, par l'analyse, l'élément irréductible et « simple », ou, au sens tout scientifique, l' « absolu ». Cet élément « clair » en lui-même et « distinct » du reste entraîne l' « évidence ». Après quoi, il faut recomposer la réalité par synthèse, « en supposant de l'ordre là même où nous n'en apercevons pas ». « Le secret de la méthode consiste à chercher en tout ce qu'il y a de plus absolu », puis à faire voir comment les éléments irréductibles, en se combinant, composent les autres choses. La caractéristique de la méthode cartésienne, qui est la méthode moderne, c'est d'expliquer toujours un tout par ses parties, jamais les parties par le tout ou par l'idée du tout qu'elles tendraient à réaliser. Qui aura bien compris ce changement radical introduit par Descartes ne se demandera plus ce que le *Discours de la méthode* apportait de vraiment nouveau.

« Celui qui suit attentivement ma pensée, conclut Descartes, verra que je n'embrasse rien ici moins que les mathématiques ordinaires, mais que j'expose *une autre méthode*, dont elles sont plutôt l'*enveloppe* que le fond. En effet, elle doit contenir les premiers rudiments de la raison humaine et aider à faire sortir de tout sujet les vérités qu'il renferme. » La méthode mathématique ne donne, pour Descartes, qu'une application, plus frappante et plus sûre, de la méthode universelle, qui est la raison se retrouvant en toutes choses. La méthode des sciences physiques n'en est aussi qu'une application, et Descartes la conçoit comme d'autant plus parfaite qu'elle se rapproche davantage des procédés mathématiques. Pour lui, l'expérience sensible n'est qu'une connaissance confuse, qui a besoin d'être ramenée à ses éléments intelligibles; l'induction est une déduction provisoire, qui a besoin d'être complétée et confirmée par l'expérimentation. Cependant Descartes ne rejette nullement l'expérience, qui va, dit-il, « au-devant des causes par les effets ». Il était lui-même un observateur et expérimentateur de génie. Il pratiqua, un des premiers, la vivisection. Ses expériences sur l'arc-en-ciel sont un modèle. « Je tâche, dit-il à Mersenne, d'ouvrir le chemin pour faire que, par succession de temps, on puisse connaître toutes les formes des choses, en ajoutant l'expérience à la ratiocination. » Il se flatte qu'il pourrait lui-même achever en ses parties essentielles l'explication « selon ses souhaits », pourvu qu'il eût du loisir « et la commodité de faire quelques expériences ». Mais il se passera plusieurs siècles, dit-il, « avant qu'on ait déduit de ces principes toutes les vérités qu'on en peut déduire ». Et pourquoi? « Parce que la plupart des vérités qui restent à trouver dépendent de quelques expériences particulières, qui ne se rencontrent jamais par hasard, mais qui doivent être cherchées avec soin et dépense par des hommes fort intelligents. » Sa fierté se refuserait à accepter l'argent nécessaire aux expérimentations, sinon de la part de l'État; mais l'État ne s'en occupe guère.

L'expérience a, pour Descartes, une double utilité. La première, c'est de fournir les problèmes à résoudre; la seconde, de « vérifier » les solutions. La nature est le sphinx qui propose des énigmes. Le nombre des problèmes est illimité, mais il en est dont la solution se manifeste actuellement à nos yeux dans la nature. Une pierre lancée par la fronde tombe après avoir décrit une courbe; pourquoi tombe-t-elle et pourquoi décrit-elle cette ligne? L'arc-en-ciel brille après l'orage; pourquoi? Il faut, dit Descartes, « que nous puissions choisir, entre une infinité d'effets qui peuvent être déduits des mêmes causes, ceux que nous devons principalement tâcher d'en déduire ». Et ceux-là, ce sont ceux qui se présentent à nous. Les expériences « sont d'autant plus nécessaires qu'on est plus avancé en connaissance ». En effet, au commencement, ce ne sont que les phénomènes les plus généraux et les plus familiers qu'il s'agit d'expliquer ; mais, quand on pénètre dans les subtiles complications du réel, par cela même du possible, les problèmes deviennent tellement spéciaux qu'ils exigent des expériences de plus en plus spéciales et nombreuses.

A l'inverse de Bacon, Descartes comprend l'importance de l'hypothèse ou construction idéale dans les sciences de la nature ; il marque aussi avec précision le degré de probabilité qui appartient aux hypothèses selon leur conformité à l'expérience. Le monde, dit-il avec profondeur, est comme une écriture secrète, un « chiffre » qu'il s'agit de lire et d'interpréter. On attribue, par hypothèse, un sens à chaque lettre et une règle au tout : par exemple, on suppose que chaque lettre du chiffre est mise à la place de la lettre suivante, OQHR à la place de PARIS ; et si, en lisant de cette façon, « on trouve des paroles qui aient du sens », on ne doutera point que ce ne soit le vrai sens du chiffre. Le contraire, quoique possible, n'est pas « moralement croyable ». De même, si l'alphabet mathématique nous fournit une règle pour interpréter les « propriétés de l'aimant, du fer et des autres choses qui sont au monde », nous aurons acquis pour notre science une « certitude morale ». Or c'est à l'expérience d'établir cette certitude morale en confirmant nos hypothèses. Mais il y a une seconde sorte de certitude supérieure à la certitude morale : c'est « lorsque nous pensons qu'il n'est aucunement possible que la chose soit autrement ». Et il y a dans la nature des lois qui offrent cette certitude : ce sont les lois générales du mouvement; il faut donc s'efforcer d'y tout réduire.

Descartes se formait, on le voit, une idée très exacte des conditions de la science; beaucoup de nos contemporains s'en font une bien moins parfaite. Son tort est d'avoir préféré trop exclusivement l'ordre déductif à l'ordre inductif. Il va, comme on l'a dit, du centre à la circonférence, du principe aux faits, au lieu d'aller de la circonférence au centre, des faits au principe. D'un seul coup, il se place à la source de toutes choses et prétend en voir sortir, pour le suivre en ses détours, le torrent sans fin des phénomènes. Mais qu'une notion manque au point de départ, qu'une donnée fasse défaut, et voilà toute la synthèse viciée, d'abord dans ses principes, puis dans ses conséquences. La méthode de construction synthétique, à elle seule, n'est qu'une vaste hypothèse qui part de telles données considérées exclusivement et nous apprend ce qui aurait lieu *si* ces données étaient seules. A l'expérience de nous dire si nous n'avons point laissé échapper quelque facteur du problème. Quelque synthétiques qu'elles soient, nos conceptions peuvent bien toucher le réel, non l'embrasser ni le pénétrer.

CHAPITRE II

LA MATHÉMATIQUE ET LA MÉCANIQUE UNIVERSELLES

I. — Il y a quelque chose de plus grand que d'ajouter à la somme des connaissances humaines, c'est d'ajouter à la puissance même de l'esprit humain. C'est ce qu'a fait Descartes par la création de sa « mathématique universelle ». Biot lui-même, qui reproche à Descartes d'avoir trop fait de métaphysique, reconnaît, en parlant de l'application de l'algèbre à la géométrie, que « Descartes fut servi beaucoup en cette occasion par la métaphysique de son esprit ». Et Descartes avait alors vingt-trois ans !

Les découvertes de Descartes devaient révolutionner et les sciences mathématiques et les sciences physiques. La théorie des fonctions variables a préparé le calcul des fluxions ou calcul différentiel. La méthode cartésienne des indéterminées, dit Carnot, « est si admirable que l'analyse infinitésimale n'en est qu'une heureuse application ».

Nous ne pouvons ici entrer dans le détail de ces découvertes; c'est seulement l'application de la méthode au système du monde que nous voulons mettre en évidence : nous voulons faire voir que Descartes est le vrai fondateur de l'évolutionnisme entendu dans son sens légitime. Combien il est supérieur à tous ceux qui, de nos jours, partent de l'évolution au sens vague, comme d'une loi ou force primordiale! A vrai dire, l'évolution n'est qu'un résultat de lois plus profondes; elle ne produit rien, elle est produite; elle n'explique pas, elle est à expliquer. Depuis les travaux de Spencer, on met sans cesse en avant l'Évolution, comme une sorte de divinité qui présiderait au développement des êtres; c'est confondre l'effet avec la cause, la conséquence avec le principe. « L'évolution, dit Spencer, est un passage graduel de l'uniformité primitive à la variété, de l'homogène à l'hétérogène, de l'indéfini au défini. » A la bonne heure; mais ce sont les lois du mécanisme universel qui ont pour résultat final ce passage des choses d'un état de dispersion relativement uniforme, où elles sont pour nous indistinctes et imperceptibles, à un état de concentration et de variété régulière, où elles deviennent pour nous distinctes et perceptibles. L'évolution n'est donc qu'une application de la mathématique universelle, dont les principes doivent, avant tout, être établis. Ils l'ont été par Descartes; bien plus, ils ont reçu de lui leurs premières et leurs plus importantes applications.

Descartes a compris d'abord une vérité que la doctrine de l'évolution et de la sélection naturelle a mise hors de doute : c'est que « nos sens ne nous enseignent pas la réelle nature des choses, mais seulement ce en quoi elles nous sont utiles ou nuisibles ». La raison que Descartes en donne, avant Helmholtz, c'est que nos sensations sont des « signes » du rapport « qu'a notre corps avec les autres corps », et que ces signes ont pour unique objet « sa conservation ». Le darwinisme ajoutera que, dans la lutte pour la vie, ces sensations seules se sont développées qui permettaient au vivant de se mettre en harmonie avec ses conditions d'existence. Si le sens de l'ouïe, dit Descartes, apportait à notre pensée la vraie image de son objet, « il faudrait, au lieu de nous faire concevoir le son, qu'il nous fît concevoir le mouvement des parties de l'air qui tremblent contre nos oreilles ».

De là dérive la véritable notion de la matière, qui est le point de départ de l'évolutionnisme. Tous les savants et philosophes reconnaissent aujourd'hui avec Descartes que la couleur et le son, comme l'odeur et la saveur, n'existent point dans les corps. Mais on voudrait encore de nos jours faire exception pour certaines qualités, comme la pesanteur, la résistance, l'impénétrabilité. C'est reculer jusqu'aux prédécesseurs de Descartes, qui croyaient, eux aussi, que la pesanteur est une des qualités inhérentes aux corps, que tout corps est lourd ou léger « par nature ». Descartes l'a montré, et on ne devrait plus l'oublier maintenant, la pesanteur n'est qu'un cas du mécanisme; c'est un problème à expliquer, ce n'est pas une explication. A cela on objecte : N'apprécions-nous pas la pesanteur par l'effort que nous sommes obligés de faire pour soulever un poids? — Sans doute; mais il est clair que cet effort n'est qu'un mode de sentir et de réagir qui nous est propre. L'instinct nous porte à projeter un effort analogue dans les corps eux-mêmes, mais l'instinct nous porte aussi à y projeter la couleur et les sons. Pourquoi donc, demandera Descartes, nous imaginer que l'effort ait le privilège d'exister hors de nous dans les choses plutôt que la couleur et le son?

De même pour la résistance et pour la dureté. La résistance, en physique, n'est qu'un mouvement arrêté dans une direction et obligé par cela même de se transformer. Il y a une certaine sensation musculaire qui accompagne cet arrêt de mouvement et qui même, en certains cas, va jusqu'à être pénible, comme quand nous recevons un coup; mais la sensation musculaire n'existe pas plus indépendamment de nous que la douleur elle-même. Imaginez, dit Descartes, que toutes les fois que nous portons les mains quelque part, les corps qui sont en cet endroit se retirent aussi vite que nos mains en approchent : « Il est certain alors que nous ne sentirions jamais de dureté; et néanmoins nous n'avons aucune raison qui nous puisse faire croire que les corps qui se retireraient de cette sorte perdraient pour cela ce qui les fait corps. » L'impénétrabilité elle-même est une sorte d'idole qui, malgré Descartes, subsiste encore aujourd'hui dans la physique. Les parties de l'étendue sont en dehors l'une de l'autre et s'excluent mutuellement, voilà qui est certain; mais, quand nous transportons aux existences cette exclusion mutuelle et absolue, nous ne faisons que nous figurer par l'imagination, sous un symbole plus ou moins grossier, la propriété intelligible qu'ont les parties de l'espace d'être en dehors les unes des autres. Si rien ne nous causait la sensation originale de résistance, d'effort arrêté, nous ne concevrions pas l'impénétrabilité. Scientifiquement celle-ci se résout en deux mouvements de sens contraire qui se font équilibre; c'est un simple arrêt de mouvement.

Au point de vue de la physique, Descartes a donc raison et ses idées seront de plus en plus confirmées. En dehors du moi et de tous les êtres sentants et agissants, il n'y a rien dans l'univers, pour le physicien, que des relations géométriques ou mécaniques, qui peuvent être soumises au calcul. De là le mot fameux de Descartes : « Donnez-moi l'étendue et le mouvement, je construirai le monde ». Comme la physique proprement dite n'a pas à s'occuper de l'essence des corps, comme elle se borne à l'étude des phénomènes et des lois, on peut dire que Descartes a fondé la physique sur sa base définitive.

II. — Si, en dehors du mental, la matière proprement dite, la matière nue n'est que l'espace, il en résulte immédiatement que le monde est infini en étendue. Avec quelle mordante ironie Descartes raille ceux qui veulent enfermer l'univers « dans une boule » ! Il implique « contradiction, ajoute-t-il, que le monde soit fini ou déterminé, parce que je puis concevoir un espace au delà des bornes du monde, quelque part que je les assigne ». Autre, d'ailleurs, est cette infinité d'étendue, autre l'infinité de perfection que l'on conçoit « en Dieu seul ». Sur l'éternité du monde dans le passé, Descartes n'ose se prononcer ouvertement, cette opinion sentant trop le bûcher ; mais il est facile de voir quelle est sa pensée de derrière la tête. Pourquoi Dieu aurait-il attendu un certain moment précis pour créer ? Il répugne à la raison, dit quelque part Descartes, de croire que la puissance suprême « soit restée, dans la création, au-dessous de la puissance de notre imagination ». Descartes admet tous les infinis de quantité ; et si on lui objecte qu'il y a alors des infinis plus grands les uns que les autres, comme deux bandes parallèles infinies dont l'une est le double ou le triple de l'autre, il répond, avec une concision et une force admirables : « Pourquoi pas, puisque c'est sous quelque rapport fini que les infinis sont plus ou moins grands ? » *Cur non, in ratione finita?*

Le mouvement étant le mode d'existence essentiel à la matière, la matière infinie est nécessairement mue et « enveloppe une infinité de mouvements qui durent perpétuellement dans le monde ; il n'y a rien dans aucun lieu qui ne se change, et ce n'est pas dans la flamme seule qu'il y a quantité de parties qui ne cessent point de se mouvoir : il y en a aussi dans tous les autres corps ». Diderot se souviendra de cette pensée quand il dira : « Vous qui imaginez si bien la matière en repos, pouvez-vous imaginer le feu en repos ? » Il est étonnant que, de nos jours encore, il se trouve des philosophes pour rêver une matière immobile qui aurait eu besoin d'un moteur afin de se mettre en voyage dans l'espace. La matière, selon Descartes, ne pouvant ni se perdre ni se produire en dehors de l'action divine, son mouvement ne peut davantage « ni se perdre ni s'engendrer » ; ce Protée, sous ses transformations, se retrouve toujours le même.

Descartes suppose donc la matière sans bornes animée, depuis un temps indéfini, de la quantité de mouvement qu'elle possède actuellement, et il en tire cette conséquence d'une prodigieuse audace : « Quand bien même nous supposerions le chaos des poètes, on pourrait toujours démontrer que, grâce aux lois de la nature, cette confusion doit peu à peu *revenir à l'ordre actuel*.... Les lois de la nature sont telles, en effet, que la matière doit prendre nécessairement *toutes les formes* dont elle est capable. » C'est le principe même de l'évolution. Principe si hardi et si hérétique qu'il scandalisait Leibniz, lequel, à propos de cette page, insinuait que Descartes « y montre son âme à nu ». De nos jours encore, combien de philosophes et de savants reculent avec inquiétude devant cette nécessité pour la matière, essentiellement mobile, de prendre successivement toutes les formes dont elle est capable, et d'arriver, quel que soit le point de départ, à l'état présent du monde, où vous vivez et où je vis!

Outre la permanence du mouvement, principe de l'évolution, Descartes admettait également ce que les évolutionnistes appellent le continuel passage de l'homogène à l'hétérogène. La matière, pour lui, c'est l'espace homogène, et tout l'hétérogène a son explication *physique* dans les figures que le mouvement engendre à travers l'espace. Quant à cette variété par excellence qui est dans nos pensées et états de conscience, elle forme un monde tout différent du monde de l'étendue, lequel est déjà constant et complet en soi.

C'est au grand principe de la permanence et de la continuité du mouvement, qui, depuis Descartes, domine la science moderne, que se rattache la conception de l'inertie. « Chaque chose demeure en l'état qu'elle est autant qu'il lui est possible, et jamais elle ne le change que par la rencontre d'autre chose. » Lorsqu'une chose a commencé une fois de se mouvoir, « nous n'avons aucune raison de penser qu'elle doive jamais cesser de se mouvoir avec la même vitesse, tant qu'elle ne rencontre rien qui retarde ou qui arrête son mouvement ». L'inertie n'est donc encore, sous un autre nom, que la persistance de la même quantité de mouvement. La seule erreur de Descartes consiste à avoir admis qu'on pourrait, à la rigueur, changer la « direction » des mouvements sans en altérer la « quantité ». C'était pour sauvegarder notre libre arbitre que Descartes nous attribuait ce pouvoir de changer la direction du mouvement. Par malheur, c'est seulement en modifiant la quantité qu'on peut modifier la direction. Leibniz l'a fort bien montré, mais il n'a pas lui-même trouvé la vraie formule mathématique pour exprimer la permanence de la force. En définitive, d'après la science contemporaine, qu'est-ce qui reste constant dans l'univers? C'est la somme de deux quantités variant en sens inverse l'une de l'autre : ces deux quantités sont l'énergie actuelle (ou force vive de Leibniz) et l'énergie potentielle; mais, en réalité, il n'y a dans la matière comme telle d'autre « énergie » que le mouvement, d'autre cause du mouvement ou de ses modifications qu'un autre mouvement ou une autre modification de mouvement; c'est ce que Descartes a compris; il n'y a donc pas d'énergie potentielle proprement dite : toute énergie est actuelle et « cinématique ». Donc encore, les deux quantités dont la science moderne admet la constance dans l'univers sont deux quantités de mouvement à forme différente. Mais alors c'est le triomphe définitif de Descartes, non de Leibniz, puisqu'en somme la science reconnaît la constance de la même quantité totale de mouvement, tantôt sous forme visible, tantôt invisible et intestin. C'est une observation qu'il importait de faire en présence de toutes les spéculations scolastiques qu'on hasarde, encore aujourd'hui, sur la prétendue « énergie potentielle ».

La deuxième loi générale du mouvement, d'après Descartes, concerne la direction rectiligne de tout mouvement simple. La philosophie aristotélicienne admettait, en vertu de considérations sur les causes finales et la beauté, des mouvements curvilignes simples et primitifs; Képler même, sous le prétexte que le cercle est la plus belle des figures, avait jugé que les planètes doivent décrire des cercles. Descartes, qui avait chassé de la mécanique ces considérations de beauté et de finalité, montre que le mouvement rectiligne est seul simple et primordial. Cette loi, aujourd'hui incontestée, Descartes la déduit avec profondeur de la loi plus générale qui concerne la conservation du mouvement. « Le mouvement, dit-il, ne se conserve pas comme il a pu être quelque temps auparavant, mais comme il est précisément *au moment même où il se conserve.* » Or considérez la pierre d'une fronde dans le moment actuel et au point précis où elle se trouve, il n'y a « aucune courbure en cette pierre ». Si donc elle se meut en ligne courbe, c'est que sa direction naturelle est continuellement changée par l'obstacle que lui apporte la corde; sans cela, la pierre s'échapperait par la tangente, et c'est ce qu'elle fait dès qu'elle est abandonnée à son mouvement propre. De tous les mouvements, « il n'y a que le droit qui soit simple » et irréductible; tout autre est complexe et peut se réduire à la résultante de mouvements divers. C'est donc ici dans la ligne droite que nous trouvons « l'idée claire et distincte, la nature simple » où se repose l'esprit, et que la méthode cartésienne prescrit partout de poursuivre.

La troisième loi, qui a également acquis droit de cité dans la science moderne, concerne la communication du mouvement. Celle-ci ne dépend, dit Descartes, que d'un seul principe : lorsque deux corps se rencontrent qui ont en eux des mouvements incompatibles, « il doit se faire quelque changement à ces modes pour les rendre compatibles ; mais ce changement est toujours *le moindre qui puisse être*. Lorsque la nature a plusieurs voies pour parvenir à un même effet, elle suit toujours infailliblement la plus courte ». Ainsi un fleuve coule là où il y a le plus de pente et le moins d'obstacles. C'est donc encore Descartes qui a formulé cette célèbre loi de la *moindre action*, de la *moindre dépense*, de l'*économie de la nature*, des *voies les plus simples et les plus faciles*, toutes expressions synonymes. Cette loi, soutenue ensuite par Fermat, par Euler et Maupertuis, donna lieu à de nombreuses et interminables controverses philosophiques. Les partisans des causes finales ne manquèrent pas d'y voir un dessein de la nature ou de Dieu. Mais Lagrange, revenant à Descartes, démontra qu'elle dérive des lois primordiales du mouvement. « Le principe de la moindre action, conclut Lagrange, ne doit pas être érigé en cause finale. » Il ne faudrait donc pas, encore aujourd'hui, s'extasier sur les résultats mécaniques de cette loi comme si elle manifestait une intention et une finalité.

Il est un autre grand principe de la mécanique moderne dont on veut faire exclusivement honneur au génie de Newton. C'est le principe de l'égalité de l'action et de la réaction. Descartes y touche de bien près dans les corollaires de sa troisième loi : « Quand un corps en pousse un autre, ce corps ne peut lui donner aucun mouvement qu'il n'en perde en même temps autant du sien, ni lui en ôter que le sien ne s'augmente d'autant ».

On le voit, si Descartes s'est trompé sur plusieurs des lois particulières du choc, il n'en a pas moins formulé avec exactitude et réduit le premier en système ces grandes lois générales du mouvement qui sont les vraies raisons de l'évolution cosmique.

De la mécanique universelle Descartes a déduit, bien avant Laplace, la mécanique céleste. C'est même lui, et non pas Newton, qui, le premier, eut l'idée féconde d'expliquer par un seul et même mécanisme la pesanteur à la surface de la terre et les révolutions des planètes autour du soleil. Il n'a pas, comme Newton, vu la pomme tomber, pour se demander ensuite, par analogie, comment la lune ne tombait point sur la terre; mais, grâce à la puissance de son génie synthétique, il a embrassé d'avance tous les corps de l'univers dans les mêmes lois du « mouvement rotatoire ».

Roberval, dans son *Aristarque*, en 1644, attribuait à chaque particule matérielle la propriété d'*attirer* toutes les autres parties de l'univers et d'être attirée par elles. Descartes s'élève contre cette notion d'une force vraiment attractive qui nous ramènerait aux vertus occultes. Loin de s'attirer, tous les corps tendent, selon lui, à s'écarter les uns des autres par le fait même du choc. S'ils ne se dispersent point dans le vide infini, c'est que ce vide n'existe pas. Si les planètes s'écartaient par la tangente, elles seraient repoussées vers le centre par des corps dont la force centrifuge est plus grande, et qui, conséquemment, tendent plus qu'elles à se diriger vers la surface du tourbillon. La pesanteur, sur la terre, n'est pour Descartes qu'un cas particulier de cette loi universelle; la terre, en effet, est le centre d'un tourbillon particulier, qui agit sur les corps terrestres comme le tourbillon solaire agit sur les planètes. Qu'un corps terrestre, par exemple une pierre, s'éloigne d'abord de la surface de la terre, ce corps y sera bientôt repoussé par les parties du tourbillon dont la force centrifuge est plus grande que la sienne. Une pierre tombe en vertu du même mécanisme qui fait qu'un morceau de liège remonte à la surface de l'eau. La pesanteur n'est donc qu'une impulsion et non une attraction [1]. La « forme sphérique d'une goutte liquide » est l'effet de la pression « d'une matière subtile environnante, qui se meut et la pousse en tous sens », tendant elle-même à

1. On sait que, pour Newton même, l'attraction n'était qu'une métaphore, qui fut prise plus tard au sérieux par les newtoniens.

continuer tous ses mouvements en ligne droite : « C'est la matière subtile qui, par cela seul qu'elle se meut autour de la terre, pousse aussi vers elle tous les corps qu'on nomme pesants ». — D'Alembert reconnaît que cette explication mécanique de la pesanteur est « admirable ». Si donc il est juste d'attribuer à Newton la découverte des vraies lois et formules de la gravitation, il faudrait pourtant se souvenir que c'est Descartes qui a conçu la pesanteur universelle et, du premier coup, l'a ramenée à un simple mécanisme.

Descartes a pressenti une autre loi qui joue un rôle très important dans la doctrine de l'évolution et dans les prédictions relatives à l'état futur du monde : c'est qu'il y a plus de mouvement de masse à se transformer en mouvement moléculaire que de mouvement moléculaire à se transformer en mouvement de masse, si bien que l'univers tend vers un état où les mouvements de masse seraient supprimés et remplacés par les mouvements moléculaires : « Il y a bien plus de rencontres, dit Descartes, où le mouvement des plus grands corps doit passer dans les plus petits qu'il n'y en a, au contraire, où les plus petits puissent donner le leur aux grands ».

En somme, la cosmogonie de Descartes est la première cosmogonie scientifique que mentionne l'histoire. État essentiellement vibratoire des corps, tous composés « de petites parties qui se meuvent en même temps de tous côtés » ; la terre et les cieux

« faits d'une même matière »; composition gazeuse du soleil; assimilation du soleil à une flamme qui, à chaque instant, a besoin de nourriture pour réparer ses pertes; état primitivement gazeux de toutes les planètes; feu central de la terre; périodes géologiques, émersion des continents et explication de leurs inégalités par le déplacement relatif des voussoirs de la croûte terrestre; les filons métallifères considérés comme des « exhalaisons » des couches profondes, au lieu d'être attribués à des influences sidérales; « encroûtement » des corps célestes par refroidissement; variation d'éclat des étoiles due au changement des « croûtes » qui se forment à leur surface (explication reprise de nos jours par M. Faye), etc. Ajoutons que Descartes, malgré les précautions excessives dont il s'enveloppa en apprenant la condamnation de Galilée, est le savant qui contribua le plus à faire triompher la doctrine de Copernic. Si l'histoire des idées est encore plus importante que celle des événements, on nous pardonnera sans doute d'avoir insisté sur la vraie part de Descartes dans les découvertes de la mécanique céleste.

CHAPITRE III

LA PHYSIQUE MÉCANIQUE

La permanence du mouvement a pour corollaire sa transformation. Descartes, on l'a déjà vu, a aperçu et formellement énoncé cette conséquence. Il a donc, le premier, soutenu la doctrine contemporaine de l'unité des forces physiques : « C'est, dit-il, le mouvement seul qui, selon les différents effets qu'il produit, s'appelle tantôt chaleur et tantôt lumière ». — « Qu'un autre », ajoute-t-il, avec la fierté du savant qui a conscience de parler comme parleront les siècles à venir, « qu'un autre imagine dans le corps qui brûle la *forme* du feu, la *qualité* de la chaleur et enfin l'*action* qui le brûle comme des choses diverses; pour moi, qui crains de me tromper si j'y suppose quelque chose de plus que ce que je vois nécessairement y devoir être, *je me contente d'y concevoir le mouvement de ses parties*; et cela seul pourra produire en lui tous les changements qu'on expérimente quand il brûle » — Voilà donc, ici encore, l'explication mécanique substituée aux explications par les « formes », les « qualités » et les « actions ».

Poursuivant sa marche triomphale à travers toutes les sciences et jetant les vérités comme à pleines mains, Descartes explique le magnétisme par les lois du mouvement et compare la terre à un vaste aimant; il explique la lumière non par l'émission de particules à travers l'espace, comme le soutiendra faussement Newton, mais par la transmission d'une *pression* à travers le fluide éthéré. « De même, dit Descartes, le choc se transmet à travers une série de billes qui se touchent ». Par là il pose la base du système des « ondes », que le cartésien Huygens opposera victorieusement à la théorie newtonienne de l'émission. Il prépare aussi la théorie mécanique de la chaleur, et explique la chaleur par un mouvement des « particules corporelles »; il montre que « tout mouvement violent produit le feu », que la chaleur à son tour peut produire les effets mécaniques les plus divers, enfin que le mouvement lumineux peut se transformer en mouvement calorifique.

Le premier encore, Descartes démontre, par une décomposition de mouvements, la loi de la réfraction de la lumière; il en donne l'élégante formule trigonométrique qui porte encore son nom; il en déduit la théorie des principaux instruments d'optique. Comparant la décomposition de la lumière dans la goutte d'eau à sa décomposition par le prisme, il explique la formation des deux arcs-en-ciel. C'est par une ridicule injustice qu'on a voulu, sans le moindre fondement, attribuer à l'Allemand Snellius la découverte de la loi de la réfraction.

Non moins injustes sont ceux qui attribuent à Torricelli la première idée de la pesanteur de l'air et à Pascal tout l'honneur des expériences du Puy de Dôme. C'est à Descartes, non à Torricelli, qu'est due l'idée de la pesanteur de l'air et de son influence sur l'ascension des liquides. Et c'est aussi à Descartes qu'est due l'idée de l'expérience du Puy de Dôme, ainsi que la célèbre comparaison de l'air avec « la laine » : Pascal la lui emprunte sans le nommer. Dès le 2 juin 1632, Descartes écrivait à un anonyme : « Imaginez l'air comme de la laine et l'éther qui est dans ses pores comme des tourbillons de vent qui se meuvent çà et là dans cette laine ; le vif-argent qui est dans le tuyau ne peut commencer à descendre qu'il n'enlève toute cette laine, laquelle, prise toute ensemble, est fort pesante. » Descartes avait donc devancé d'au moins douze ans Torricelli, qui ne parvint qu'en 1643 à sa conception. En 1638, Descartes écrivait encore à Mersenne : « L'observation que les pompes ne tirent point l'eau à plus de 18 brasses de hauteur ne se doit point rapporter au vide, mais à la pesanteur de l'eau, qui contre-balance celle de l'air ». Pendant deux séjours à Paris, Descartes entretint plusieurs fois et longuement Pascal. Il était le plus souvent question entre eux du vide, que Pascal avait toujours défendu, et de la cause de l'ascension des liquides. Après l'expérience du Puy de Dôme (17 août 1649), Descartes écrivit à Carcavi : « C'est moi qui avais prié M. Pascal, il y a deux ans, de la vouloir faire ; et je l'avais assuré du succès, comme étant entièrement conforme à mes principes, sans quoi il n'aurait eu garde d'y penser, à cause qu'il était d'opinion contraire ».

Que Descartes, lui, n'ait rien emprunté à personne, nous sommes loin de le soutenir ; mais c'est toujours sur les détails que ses emprunts portent. Il est tellement épris de l'universel que, pour lui, les vérités isolées doivent leur principale valeur à leur rapport avec le tout, à leur place dans le système intégral. C'est ce qui fait qu'il croit retrouver son bien quand il fait entrer les idées d'autrui dans sa doctrine. Il est architecte en philosophie : pour construire une œuvre personnelle, il faut des pierres, du marbre même et de beau marbre ; mais tous ces matériaux n'ont leur valeur architecturale que par la manière dont ils sont disposés. « J'avoue, dit Descartes, que je suis né avec un esprit tel que le plus grand bonheur de l'étude consiste pour moi, non pas à entendre les raisons des autres, mais à les trouver moi-même. » Un livre tombait-il entre ses mains, il aimait à en regarder le titre, l'introduction, à voir aussi l'énoncé du problème, puis, le livre aussitôt refermé, à découvrir lui-même la démonstration. Un livre était donc pour lui un problème sur lequel il se plaisait à exercer sa propre méthode. Quand il avait tout retrouvé à sa manière et tout rangé à sa place dans son système, il lui arrivait parfois d'oublier la bonne occasion que les autres lui avaient offerte de repenser leur pensée. En ce qui concernait ses inventions propres, tantôt il était fort jaloux de leur nouveauté et de leur originalité, tantôt il se laissait prendre son bien sans trop de souci, et se montrait généreux des miettes de son génie; un de ses amis lui reproche à ce sujet sa magnanimité. Au reste, c'était entre les savants d'alors un tel conflit de prétentions pour toute découverte, que l'historien finit par s'y perdre.

En somme, Descartes a établi sur ses vraies bases la physique moderne, qui est l'étude des transformations diverses du mouvement. Mais, supérieur en cela à bien des savants et philosophes de notre temps, il n'a jamais admis la transformation possible du mouvement, comme tel, en pensée. Tandis que, par exemple, nous voyons Spencer osciller pitoyablement sur ce point, passer de la négation à l'affirmation, présenter parfois la pensée comme une transformation de la chaleur et des vibrations cérébrales, Descartes, lui, n'hésite jamais : le mouvement est d'un côté, la pensée est de l'autre, et tous les mouvements réunis ne peut, comme dira Pascal en commentant Descartes, « réussir » la moindre pensée. Descartes n'eût donc pas admis, comme Spencer, que l'évolution du monde soit de nature uniquement mécanique et que ses facteurs primitifs ne renferment aucun élément mental. Pour Descartes, l'évolution est indivisiblement mécanique et intellectuelle.

CHAPITRE IV

LA PHYSIOLOGIE MÉCANIQUE

De même que la physique moderne, la physiologie moderne a été établie par Descartes sur ses vrais fondements. Les corps organisés réclament-ils, au point de vue de leurs fonctions *vitales*, un principe nouveau différent du pur mécanisme? Nullement; l'organisme vivant n'est encore, selon Descartes, qu'un mécanisme plus compliqué, la physiologie n'est qu'une physique et une chimie plus complexes. La somme des mouvements, en effet, étant constante dans l'univers, ceux des êtres vivants ne peuvent que provenir d'autres mouvements. « Toutes les fonctions que j'ai attribuées à cette machine suivent naturellement de la seule disposition des organes, ni plus ni moins que font les mouvements d'une horloge ou autre automate de celle de ses contrepoids et de ses roues; de sorte qu'il ne faut point, à leur occasion, concevoir en elle aucune âme végétative, ni sensitive, ni aucun principe de mouvement et de vie que son sang et ses esprits agités par la chaleur. » Le vitalisme de l'école de Montpellier, avec son « principe vital » digne du moyen âge, l'animisme de certains médecins, qui attribuent à l'âme la vie répandue dans le corps, sont pour Descartes des rêveries scolastiques. Dans son écrit *des Passions de l'âme*, il fait cette remarque grosse de conséquences, que le cadavre n'est pas mort seulement parce que l'âme lui fait défaut, mais parce que la machine corporelle est elle-même en partie détruite et ne peut plus fonctionner. « C'est se tromper que de croire que l'âme donne du mouvement et de la chaleur au corps. » Quelle différence y a-t-il donc entre un corps vivant et un cadavre? La même différence qu'entre l' « horloge qui marche » et l'horloge usée qui ne peut plus marcher.

Sur les origines de la vie et des espèces vivantes, Descartes se tait, par prudence sans doute. Mais ses principes parlent assez haut : tout ce qui n'est pas la pensée même doit s'expliquer par le mouvement; la machine organisée ne peut donc être différente des autres et doit avoir son origine dans les lois de la mécanique universelle. Descartes admet les générations spontanées — auxquelles on reviendra un jour, croyons-nous, sous une forme moins enfantine que celle dont M. Pasteur a fait la réfutation; — Descartes reconnaissait donc la transformation possible du mouvement ordinaire en un tourbillon vital. La génération n'est pour lui qu'un phénomène chimique et calorifique. Et si l'on s'étonne, il répond avec l'éloquence géométrique d'un Pascal : « Quelqu'un dira avec dédain qu'il est ridicule d'attribuer un phénomène aussi important que la formation de l'homme à de si petites causes; mais quelles plus grandes causes faut-il donc que les lois éternelles de la nature? Veut-on l'intervention immédiate de l'intelligence? De quelle intelligence? De Dieu lui-même? Pourquoi donc naît-il des monstres? »

Devançant Darwin, Descartes pressent la loi qui veut que les organismes mal conformés disparaissent, tandis que les autres organismes subsistent avec leurs espèces en apparence immuables. « Il n'est pas étonnant, dit-il, que presque tous les animaux engendrent; car ceux qui ne peuvent engendrer, à leur tour, ne sont plus engendrés, et dès-lors ils ne se retrouvent plus dans le monde. » En conséquence, les espèces bien constituées subsistent seules à la fin. Mais il ne faut pas croire pour cela qu'elles aient été les seules productions de la nature, ni les œuvres d'un dessein spécial, pas plus que les formes de la neige ou de la grêle.

Une fois produit mécaniquement, le germe se développe à son tour suivant les règles de la mécanique. « Si on connaissait bien toutes les parties de la semence de quelque espèce d'animal en particulier, par exemple de l'homme, on pourrait déduire de cela seul, par des raisons entièrement mathématiques, toute la figure et conformation de chacun de ses membres ; comme aussi, réciproquement, en connaissant plusieurs particularités de cette conformation, on en peut déduire quelle est la semence. » Et il s'efforce hardiment de faire ces déductions sur la vie. « La chaleur, conclut-il, est le grand ressort et le principe de tous les mouvements qui sont en la machine. » Et cette chaleur est toute chimique : « Il n'est pas besoin d'imaginer qu'elle soit d'autre nature qu'est généralement toute celle qui est causée par le mélange de certains liquides. »

La respiration, en particulier, est par là entretenue. Après Lamarck et Darwin, voici venir Lavoisier : « La respiration, dit avant lui Descartes, est nécessaire à l'entretien de ce feu qui est le principe corporel de tous les mouvements de nos membres. L'air sert à nourrir la flamme ; de même, l'air de la respiration, se mêlant en quelque façon avec le sang avant qu'il entre dans la concavité gauche du cœur, fait qu'il s'y échauffe encore davantage... » Aussi les animaux sans poumons « sont d'une température beaucoup plus froide ». Le sang, à son tour, par sa circulation incessante, « porte la chaleur qu'il acquiert à toutes les parties du corps et leur sert de nourriture ». La matière de notre corps « s'écoulant sans cesse, ainsi que l'eau d'une rivière, il est besoin qu'il en revienne d'autre à sa place ».

Pour comprendre comment chaque particule de l'aliment « va se rendre à l'endroit du corps qui en a besoin », faut-il, comme on le faisait alors, comme on le fait parfois aujourd'hui, imaginer des affinités, « supposer en chaque partie du corps des facultés qui choisissent et attirent les particules de l'aliment qui lui sont propres? » Non, « c'est feindre des chimères incompréhensibles, et attribuer beaucoup plus d'intelligence à ces choses chimériques que notre âme même n'en a, vu qu'elle ne connaît en aucune façon, elle, ce qu'il faudrait que ces causes connussent ». Restituons donc, encore ici, les vraies raisons mécaniques, savoir : « la situation de l'organe par rapport au cours que suivent les particules alimentaires, la grandeur et la figure des pores où elles entrent ou des corps auxquels elles s'attachent ». Quant aux particules non assimilées, elles sont excrétées par des organes qui ne sont que « des cribles diversement percés ». La découverte de Harvey avait rencontré une opposition générale; l'adhésion de Descartes eut une influence décisive en sa faveur.

Les « esprits vitaux ou animaux », dont on s'est moqué assez sottement, bien que Descartes les déclare « purement matériels », ne sont autre chose que le fluide nerveux, qui lui-même, comme tout fluide, se ramène pour Descartes à des phénomènes d'impulsion et de pression. Les esprits vitaux se meuvent et opèrent le mouvement des organes exclusivement d'après les lois de la mécanique. Ce sont les « impulsions venues du dehors » qui produisent des « pressions dans les nerfs », et nous avons déjà remarqué la parenté du phénomène de la pression avec celui de l'ondulation.

Loin de trouver ici à rire, nous trouvons encore à admirer; car c'est à Descartes que remonte la théorie et le nom même des actes réflexes : *undula-*

tione reflexa. Tous les mouvements que nous accomplissons, dit-il, sans que notre volonté y contribue, « comme il arrive souvent que nous respirons, que nous marchons, que nous mangeons,... ne dépendent que de la conformation des membres et du cours que les esprits suivent naturellement dans les nerfs et dans les muscles; de même façon que le mouvement d'une montre est produit par la seule force de son ressort et la figure de ses roues ». En face d'un objet effroyable, par exemple, dont l'image se forme dans le cerveau, les esprits animaux du fluide nerveux, « réfléchis de l'image, vont se rendre en partie dans les nerfs qui servent à tourner le dos et à remuer les jambes pour s'enfuir ». Chez d'autres individus, ceux qui ont le tempérament courageux, « les esprits vitaux, réfléchis de l'image, peuvent entrer dans les pores du cerveau qui les conduisent aux nerfs propres à remuer les mains pour se défendre, et exciter ainsi la hardiesse ». Descartes en conclut que l'homme, s'il avait une science suffisante, pourrait fabriquer un automate accomplissant toutes les fonctions du corps humain, capable même de « répondre par des cris et des mouvements aux coups et aux menaces ». Descartes se sert ici d'une comparaison ingénieuse et frappante. C'était le goût du temps, dans les jardins princiers, de fabriquer des grottes et des fontaines où la seule force de l'eau faisait mouvoir des machines, jouer des instruments, prononcer même des paroles. On entrait dans une grotte, et une Diane au bain prénait la fuite. Descartes compare les nerfs « aux tuyaux des machines de ces fontaines », les muscles et tendons aux « divers engins et ressorts qui servent à les mouvoir », le fluide nerveux « à l'eau qui les remue ». Les objets extérieurs, « qui par leur seule présence agissent sur les organes des sens, et qui, par ce moyen, déterminent des mouvements en diverses façons, sont comme les étrangers qui, entrant dans ces grottes, causent eux-mêmes, sans y penser, les mouvements qui s'y font en leur présence; car ils n'y peuvent entrer sans marcher sur certains carreaux tellement disposés qu'ils amènent tel ou tel mouvement ». L'âme raisonnable est le « fontainier », qui se rend compte de tout.

Descartes eut le tort de déclarer inutile l'existence d'une conscience chez les animaux. Mais cette théorie même de l'animal-machine, qu'il n'a pas soutenue sans hésitation ni restriction, provoqua des discussions fécondes : elle passionna Mme de Sévigné et La Fontaine; elle fut utile pour faire comprendre le caractère exclusivement mécanique de toutes les fonctions corporelles, même chez l'homme, à plus forte raison chez les animaux. Dans l'homme, l'automate corporel est certainement lié, selon Descartes, à un automate sentant et pensant; dans l'animal, Descartes se contente de poser, comme seul certain, l'automate corporel. Par là, il manque à toutes les lois de l'analogie; mais c'est là une erreur de psychologue, non de naturaliste. Descartes demeure le fondateur de la physiologie moderne.

CHAPITRE V

VALEUR DU SYSTÈME SCIENTIFIQUE DE DESCARTES

Le génie de Descartes, qui n'a guère d'égal, réunissait le souci scientifique des détails à la recherche philosophique des plus vastes ensembles. S'il s'est montré tellement curieux de toutes choses, depuis les lois de la musique jusqu'à celles des météores ou à celles du développement de l'embryon, ce n'était point pour chaque chose en elle-même, mais pour la lumière qui peut en rejaillir sur tout le reste; ou plutôt, pour celle qui descend d'un foyer supérieur et que le moindre des objets reflète.

De nos jours, on a beau vouloir séparer la science positive de la philosophie, l'idéal de la vraie science, celui que Descartes a poursuivi, demeure toujours le même : la philosophie ne cessera jamais d'être nécessaire pour apercevoir les choses dans leur unité; Kant était fidèle à la pensée de Descartes, quand il disait que « les sciences n'ont rien à perdre à s'inspirer de la vraie métaphysique ». Rien, en effet, n'est plus propre à susciter les grandes inventions que le retour aux principes dominateurs de la science. Depuis un demi-siècle, dans le pays même de Descartes, les savants l'ont trop oublié. Il en est résulté que les grandes hypothèses et généralisations scientifiques sont venues d'ailleurs, et qu'à force de « positivisme » nous avons laissé stériles les vérités qui étaient déjà dans Descartes. N'est-ce pas à la France qu'il appartenait d'établir la théorie mécanique de la chaleur ? Cette théorie, nous venons de le voir, est en toutes lettres dans Descartes (qu'on ne lit pas), et elle n'avait plus besoin que de quelques confirmations expérimentales. Et la théorie de la corrélation des forces vives ? Et celle de l'évolutionnisme ? Elles sont encore dans Descartes. On a dit avec raison que l'esprit français a manqué les plus grandes découvertes de notre siècle faute d'idées philosophiques. Il n'y a pas lieu d'en féliciter Auguste Comte, qui a rétréci et découronné le cartésianisme en même temps que le kantisme. Est-ce en plein XIXe siècle qu'il était utile de proclamer la science indépendante de la métaphysique, comme si la métaphysique était aujourd'hui gênante ? Quant à confondre la métaphysique, comme le fait Auguste Comte, avec l' « explication des choses par des entités », c'est oublier que ce sont précisément les grands métaphysiciens et, plus que les autres, Descartes, qui ont chassé toutes les entités du domaine de la science. N'avons-nous pas vu qu'avant Descartes la science était anthropocentrique, comme l'astronomie de Ptolémée, puisqu'elle expliquait tout par des qualités, des forces, des causes et des fins, qui ne dépendent que de la nature humaine et n'existent que d'un point de vue humain ? Ce n'est donc pas Auguste Comte, ce n'est pas même Kant, c'est Descartes qui est le vrai Copernic de la science moderne.

Descartes a remarqué avec raison que le plus important pour la science est encore moins la solution actuelle des problèmes que la détermination par avance des « conditions de la solution juste ». Or Descartes a lui-même déterminé par avance, et sans erreur, toutes les *conditions de solution juste* dans les problèmes que posent les sciences de la nature. S'il est des questions particulières qu'il n'ait pas exactement résolues, qu'importe en comparaison de son infaillible conception du mécanisme universel ? Pris en son ensemble et au point de vue purement *physique*, le système cartésien du monde est le vrai ; aussi peut-on dire que Descartes est le père spirituel de tous les savants de notre époque.

On a cependant adressé à ce système du monde bien des objections. Deux seulement, selon nous, ont de la valeur. D'abord, dit-on, comment les parties d'un tout absolument plein peuvent-elles se mouvoir ? Votre monde purement géométrique n'est-il point à jamais « pris dans les glaces » ? — Mais, répondrons-nous, on peut concevoir, avec Descartes, que les vides qui tendraient à se former par le déplacement de telles parties soient, à l'instant même, comblés par d'autres parties. — Pour cela, réplique-t-on, il faut que tout mouvement se communique instantanément. — C'est bien là, il est vrai, ce que Descartes a admis lui-même : tout mouvement se transmet instantanément et produit instantanément « quelque anneau ou cercle de mouvement ». Mais Descartes a eu tort d'aller si vite et d'en conclure que la lumière du soleil, par exemple, « étend ses rayons en un instant depuis le soleil jusqu'à nous ». Il compare chaque rayon à un bâton dont on ne peut mouvoir un bout sans que l'autre soit mû en même temps. C'était là une application fausse d'une théorie qui peut être vraie en son principe. Selon nous, le *plein* universel peut ne pas s'opposer aux *ondulations* du mouvement, et ce sont celles-ci qui l'empêchent de se transmettre en un seul instant *sous la même forme*, par exemple sous la forme lumineuse. L'onde éthérée qui produit la lumière peut décrire sur soi des cercles innombrables, elle peut, en tournant ainsi, aller en avant, revenir en arrière, aller de nouveau en avant. Cette danse réglée peut exiger et exige un certain temps pour faire arriver les ondes lumineuses depuis le soleil jusqu'à la terre. Dès lors que la transmission de la lumière n'est pas rectiligne, mais ondulatoire, c'est-à-dire « par *tourbillons* », on n'a plus le droit d'en conclure immédiatement l'instantanéité de la transmission entre le soleil et la terre. Ce qui rend si difficile ce problème, c'est que la nature de la durée y est impliquée; mais le temps exigé par la lumière pour venir jusqu'à nos yeux ne prouve pas l'existence du vide, comme le croient beaucoup de savants à notre époque.

On a objecté, en second lieu, au mécanisme cartésien l'élasticité de la matière. C'est l'objection capitale de Leibniz, reprise de nos jours par MM. Renouvier et Ravaisson, par Lange et beaucoup d'autres. On veut voir dans l'élasticité la preuve d'une *force* inhérente à la matière ; mais, au point de vue cartésien, l'élasticité ne peut pas plus être une qualité primordiale que la pesanteur. L'idée d'atome dur et indivisible serait sans doute incompatible avec celle d'élasticité ; car celle-ci suppose une molécule composée dont les différentes parties, sous le choc d'un corps extérieur, se déplacent en se comprimant, puis reprennent leur position en rendant l'impulsion qu'elles ont reçue. Mais Descartes n'admet pas d'atome : toute particule de matière est pour lui composée ; il n'y a donc aucune molécule qui ne puisse avoir de l'espace pour se comprimer et rebondir. Seulement, ici encore, il faut que le mouvement qui cause l'élasticité soit un tourbillon. Or les belles recherches de Poinsot sur les corps tournants expliquent comment des particules éthérées, sans être (comme le croyait Huygens) élastiques « par nature », peuvent cependant rebondir les unes sur les autres et produire les effets apparents de l'élasticité : un corps non élastique peut, s'il tourne, être renvoyé par un obstacle, tout comme un corps doué d'élasticité ; il a même souvent, après le choc, une vitesse beaucoup plus grande qu'auparavant, car une partie du mouvement de rotation s'est changée en mouvement de translation. Deux tourbillons ou deux ondes peuvent donc, par des combinaisons mécaniques, produire ce rebondissement d'élasticité dont on voudrait, encore aujourd'hui, faire une force occulte : la physique l'expliquera un jour, nous en sommes convaincus, par des principes de mécanique essentiellement cartésiens.

La mécanique universelle, telle que Descartes l'a conçue, sera la science à venir. Les études expérimentales elles-mêmes, à mesure qu'elles feront plus de progrès, prendront de plus en plus la forme des sciences démonstratives. La mécanique est déjà ramenée aux mathématiques, la physique tend à se réduire à la mécanique ; de même pour la chimie, pour la physiologie ; la psychologie et les sciences sociales font dans leur propre domaine une part de plus en plus grande à la mécanique : tout apparaît soumis au nombre, au poids, à la mesure, « les nombres régissent le monde ». Arrivera-t-il un jour où, selon le rêve secret de Descartes, l'expérimentation sera remplacée par la démonstration ? Pour que cela eût lieu, il faudrait que l'homme pût égaler ses conceptions aux réalités, ses combinaisons mentales aux combinaisons des choses elles-mêmes. Idéal dont l'esprit humain peut se rapprocher toujours, mais qu'il ne saurait atteindre. Le caractère de la nature, en effet, est l'infinité. Dans une machine vivante il y a une infinité de petites machines ou organes qui en contiennent d'autres encore, et ainsi de suite; dans une masse quelconque de matière il y a une infinité de parties. Descartes reconnaît lui-même que tout est infiniment grand ou infiniment petit selon le point de comparaison, et on sait la conclusion que Pascal en tire : l'homme a beau enfler ses conceptions, il ne peut les égaler à l'ample sein de la nature. S'il en est ainsi, les constructions de notre esprit et les formules de nos raisonnements ne sauraient être assez vastes pour tout embrasser : il faut recourir sans cesse à l'expérience, revenir au contact de la réalité même pour saisir sur le fait les combinaisons nouvelles que nous n'aurions pu prévoir. L'univers, mêlant et démêlant toutes choses, comme il le fait sans cesse, demeurera donc toujours supérieur à la pensée de l'homme. Au reste, Descartes le dit lui-même, on ne peut se passer de l'expérience pour savoir ce qui est réalisé actuellement parmi l'infinité des possibles, pour déterminer où en est la grande partie qui se joue sur l'échiquier de l'univers. Il n'en conçoit pas moins l'espoir d'arriver du moins à connaître la loi fondamentale de la matière, et cette espérance n'est point aussi étrange qu'elle le semble au premier abord. Il n'y a peut-être pas dans la nature, sous le rapport des qualités, cette infinité qu'elle offre sous le rapport des quantités; la nature n'a peut-être pas un fonds aussi riche que nous le supposons. Ne se répète-t-elle pas elle-même d'une planète à une autre, d'un soleil à un autre, avec une sorte de pauvreté et une désespérante monotonie? Les métaux qui sont dans les étoiles sont les mêmes que nos métaux de la terre. « Le monde entier, avait dit Descartes, est fait de la même matière. » Nous ne connaissons qu'une soixantaine de corps simples en apparence, qui en réalité sont composés et que la science décomposera sans doute un jour; pourquoi donc un moment ne viendrait-il pas où nous connaîtrions le vrai et unique corps simple? L'atome même, s'il existe, n'est peut-être pas aussi insaisissable, aussi inviolable qu'on le prétend. Peut-il d'ailleurs exister des atomes? Descartes nous dira que ces prétendus indivisibles sont encore des tourbillons de mouvements qui en enveloppent d'autres, et, si nous ne pouvons épuiser la spirale de ces rotations sans fin, nous en pouvons saisir la formule mathématique. Celui qui connaîtrait, dit Descartes, « comment sont faites les plus petites parties de la matière », celui-là posséderait le secret de la physique. Le code de la nature est déjà entre nos mains : c'est la mathématique universelle; nous n'avons plus qu'à faire rentrer sous ses lois les démarches particulières des choses; nous n'y parviendrons jamais dans le détail, sans doute, mais nous possédons les principes et les procédés généraux. Quand on a résolu mille équations particulières, est-il nécessaire de continuer indéfiniment le même travail? Nous amuserons-nous à expliquer une à une les formes singulières des vagues de l'océan qui se brisent à nos pieds? Au fond, chacun de ces mouvements est une équation résolue d'après la même formule, et chaque vague qui murmure, sur des tons divers, nous répète le même mot.

Descartes a donc, d'une vision claire, aperçu l'idéal et le but dernier de la science; il en a déterminé la méthode; il a marqué d'avance les grands résultats aujourd'hui obtenus, il a annoncé tous nos progrès. Et il n'a pas seulement, comme du haut d'une montagne, contemplé de loin la terre promise, il l'a envahie lui-même, il y a fait de vastes conquêtes; par ses préceptes et par ses exemples, il a enseigné aux autres la vraie tactique et la vraie direction; enfin, il leur a laissé le plan précis de tout ce qu'ils devaient eux-mêmes découvrir. Sainte-Beuve a dit de Bossuet qu'il était le prophète du passé; on peut dire de Descartes qu'il est le prophète de la science à venir.

LIVRE II

L'IDÉALISME CARTÉSIEN

CHAPITRE I

LA CRITIQUE DE LA CONNAISSANCE

La confrontation des doctrines philosophiques aujourd'hui régnantes avec celles de nos plus grands devanciers, outre l'intérêt qu'elle présente en elle-même, permet de déterminer, par des points pris dans le temps à des distances différentes, la ligne que suit l'évolution de l'esprit humain. Rapproché du passé, le présent laisse entrevoir l'avenir. Ce que devra la science future à Descartes, nous l'avons indiqué par une rapide esquisse de ses découvertes et de sa conception du monde; ce que lui devra la philosophie, nous pouvons aussi nous en faire une idée en comparant l'orientation de sa doctrine avec celle des doctrines contemporaines. Si, d'une part, le mécanisme cartésien triomphe de plus en plus dans la science, l'idéalisme cartésien ne nous présente-t-il point aussi un autre aspect de l'univers que le premier n'exclut pas et que, de plus en plus, la philosophie devra mettre en lumière? Puisque Descartes lui-même nous invite à le suivre « au moins une fois » dans son monde de l'entendement, faisons avec lui ce grand voyage de découverte. Il ne s'agit de rien moins que des plus hauts objets de la spéculation et de la pratique : la nature de notre moi, celle de notre premier principe, enfin l'essence idéale ou réelle de la matière. Ces problèmes ultimes loin de rouler sur des abstractions, selon le préjugé vulgaire, roulent sur les réalités mêmes — y compris notre propre réalité, — par conséquent sur le sens et la valeur de l'existence. De là, pour tout esprit non superficiel, leur intérêt plus dramatique que les drames mêmes de l'histoire.

I. — L'idéalisme moderne, bien différent de l'idéalisme dogmatique qui fut celui de l'antiquité, a pour origine la « critique de la connaissance », dont la conclusion est la suivante : — Le monde de réalités que nous croyons saisir directement en elles-mêmes n'est qu'un monde représenté dans notre esprit, un monde idéal. — Descartes est le premier qui ait fait systématiquement, avant Hume et Kant, la critique de nos moyens de connaître; et ce n'est pas son moindre titre de gloire. Il déclare dans ses *principes* qu'il importe de savoir non seulement quelles choses on peut connaître, mais aussi quelles choses « nous ne pouvons connaître »; par conséquent, la valeur de nos idées hors de nous, la portée exacte et les bornes de notre intelligence. Son livre, qui traite « de l'univers », s'ouvre par une théorie de la connaissance. Qu'est-ce que la vérité, qu'est-ce que l'erreur, à quels signes peut-on les distinguer? Voilà ce qu'il se demande avant de passer aux objets de la connaissance. Il définit la métaphysique même, avant Kant et par opposition à l'ontologie dogmatique de ses prédécesseurs, l'étude des « principes de la connaissance humaine ». Il attribuait d'ailleurs aux principes de la connaissance une foncière identité avec les principes de l'existence à nous connaissable. C'était donc bien, en somme, à ce que les Allemands appellent aujourd'hui la « théorie de la connaissance », et dont ils ont fait une véritable science dominant toutes les autres, que Descartes rattachait déjà les sciences diverses et leur méthode. Cette conception est la vraie : sans enlever aux sciences spéciales leur légitime indépendance, elle marque l'unité de leurs principes et de leurs méthodes dans la nature même de l'intelligence. « Les sciences toutes ensemble, dit magnifiquement Descartes, ne sont rien autre chose que l'intelligence humaine, qui reste une et toujours la même, quelle que soit la variété des objets auxquels elle s'applique, sans que cette variété apporte à sa nature plus de changement que la diversité des objets n'en apporte à la nature du soleil qui les éclaire. » Aussi « une vérité découverte nous aide à en découvrir une autre, bien loin de nous faire obstacle. Si donc on veut sérieusement chercher la vérité, il ne faut pas s'appliquer à une seule science. » Précepte auquel devrait revenir le spécialisme outré de notre époque.

Enfin, comme Kant, Descartes eut toujours devant l'esprit une idée qui marquait à ses yeux les bornes de la philosophie même : radicale incompréhensibilité de la puissance d'où tout dérive. Le premier principe des choses, en fondant les lois intelligibles de l'univers, fonde sans doute la possibilité de la science; mais, en même temps, cette puissance première d'où tout sort est tellement « infinie » que nous ne saurions, nous, assigner des bornes au possible ni au réel. Les lois mathématiques, les lois logiques elles-mêmes, toutes les « vérités éternelles », à commencer par le principe de contradiction, ne sont primordiales que pour notre intelligence, telle qu'elle est constituée; en elles-mêmes, elles sont dérivées d'une puissance insondable, à laquelle nous n'avons plus le droit de les imposer. C'est, dit Descartes, parler du premier principe « comme d'un Jupiter ou d'un Saturne, l'assujettir au Styx et aux destinées, que de dire que ces vérités sont indépendantes de lui ». A ce fond dernier de « toute existence » et de « toute essence » Descartes donne le nom de « volonté » ; par là encore, il annonce Kant et Schopenhauer. « L'univers comme volonté et représentation », dont parle Schopenhauer, et qui est la conception fondamentale de l'idéalisme contemporain, c'est précisément l'univers de Descartes. Dans le suprême principe des choses — et dans l'homme même — il y a, dit-il, une volonté « infinie », capable des « contraires », une « liberté » que rien ne limite, en même temps qu'une intelligence d'où procède tout ce qui a une forme fixe, une essence, une loi. Rien ne prouve donc, selon Descartes, que le réel ait pour unique mesure ce que nous en pouvons saisir par l'intelligence, sous la forme de nos « idées ». Descartes a ainsi devancé la théorie moderne du « noumène » (Kant) et de l' « inconnaissable » (Spencer), comme il a devancé la théorie moderne de la connaissance et du connaissable.

Le doute méthodique prélude à cette « critique » de Kant d'où est sorti un idéalisme rajeuni. La première raison de doute, c'est que nos sens, qui si souvent nous trompent et se contredisent, nous instruisent simplement sur ce que nous éprouvons, non sur ce qui correspond réellement à nos sensations. On voit venir Kant en lisant la page célèbre des *Méditations* où est donné en exemple « ce morceau de cire qui vient tout fraîchement d'être tiré de la ruche », il n'a pas encore perdu la douceur du miel qu'il contenait, il retient encore quelque chose de l'odeur des fleurs dont il a été recueilli; « sa couleur, sa figure, sa grandeur sont apparentes, il est dur, il est froid, il est maniable; et si vous frappez dessus, il rendra quelque son ». Enfin, toutes les choses qui peuvent distinctement faire connaître un corps se rencontrent en celui-ci. « Mais voici que, pendant que je parle, on l'approche du feu : ce qui y restait de saveur s'exhale, l'odeur s'évapore, sa couleur se change, sa figure se perd, sa grandeur augmente, il devient liquide, il s'échauffe, à peine le peut-on manier ; et quoique l'on frappe dessus, il ne rendra plus aucun son. » Nos sensations, mobiles et variables, tiennent donc à notre constitution cérébrale et mentale, bien plus qu'aux objets mêmes. Quand Descartes a, selon son expression, « dépouillé de tous ses vêtements » l'objet matériel, comme la cire, et qu'il l'examine ainsi « tout nu », il conclut qu'on ne peut « le concevoir de la sorte sans un esprit humain ». C'est le grand principe de l'idéalisme critique. Les conceptions d'« objets » sont l'œuvre de l'esprit et tiennent à sa nature. Dès que l'esprit se demande s'il n'est pas pour quelque chose dans ses conceptions sur la matière même, le matérialisme brut commence d'être ébranlé.

La seconde raison de doute, devenue également classique, c'est que notre vie sensible se partage en deux moitiés : pendant le sommeil, nous croyons voir des hommes, des animaux, des plantes, un monde de réalités qui n'est cependant qu'un monde d'idées ; pourquoi notre veille ne serait-elle pas une sorte de songe mieux lié? Encore un point d'interrogation qui se dressera toujours devant tout homme qui réfléchit. Quant au raisonnement, dont nous sommes justement si fiers, il nous trompe aussi parfois, même dans les mathématiques ; c'est que, au lieu d'être une intuition instantanée et immédiate des réalités, le raisonnement se traîne en quelque sorte dans la durée, d'idée en idée, enchaînant avec peine le souvenir au souvenir. Or, demande Descartes, qui nous garantit l'absolue véracité de notre mémoire? Quand nous sommes au bout d'une démonstration géométrique, qui nous assure que nous n'avons point, le long du chemin, fait quelque oubli, comme dans une addition ou soustraction, et laissé échapper un anneau de la chaîne?

Enfin il est d'autres raisons de doute, plus profondes encore, que Descartes tire de la nature de notre volonté. Notre volonté a besoin d'agir : toujours en mouvement, elle se porte sans cesse dans une direction ou dans l'autre; vivre, c'est agir; agir avec conscience, c'est juger; juger, c'est prononcer sur les choses « hors de nous » au moyen d'idées qui ne sont qu'en nous; c'est donc se tromper souvent et peut-être sans cesse. Pour agir, parler, affirmer (trois choses de même nature), nous ne pouvons pas toujours attendre que la clarté soit faite dans notre esprit, que le soleil de la vérité se soit en quelque sorte levé sur notre horizon. La vie nous presse et nous appelle, la passion nous précipite, nous sommes impatients de conclure; souvent même, dans la pratique, il faut prendre parti et ne pas rester en suspens. C'est alors que, par nos affirmations sur le réel, nous dépassons nos intuitions intérieures, et ces affirmations sont des actes de volonté, non pas sans doute arbitraire, mais de volonté néanmoins; c'est-à-dire que notre activité se détermine dans un sens ou dans l'autre sous l'influence de la passion et du désir, non pas seulement de la raison. Dès lors, il se peut toujours faire que notre volonté dépasse plus ou moins la vision de notre intelligence et que, par là, notre vie soit une perpétuelle erreur.

Si maintenant, avec Descartes, nous concevons comme possibles d'autres volontés supérieures à la nôtre, sommes-nous assurés qu'elles sont nécessairement ou bienfaisantes ou véridiques? Ne sommes-nous point le jouet de quelque puissance qui nous trompe par des illusions devenues naturelles à notre esprit? Schopenhauer parlera plus tard des ruses de la volonté absolue, qui, par l'orgueil, par l'ambition, par l'amour, par le sentiment même de notre *moi*, nous dupe pour nous faire servir à ses fins; Descartes conçoit déjà des ruses semblables de la part de quelque « malin génie ». Et quand ce génie nous serait favorable, encore pourrait-il nous tromper pour notre bien. Dieu même étant conçu comme une puissance infinie et insondable, qui nous assure que cette volonté absolue d'où nous sommes sortis ne nous a pas imposé pour loi l'illusion, fût-ce une illusion bienfaisante? En ce cas, au lieu de rêver seulement la nuit, nous rêverions encore le jour. Ainsi, quelle que soit la puissance d'où je tiens mon être et mon intelligence, « elle peut m'avoir fait de telle sorte que je me trompe toutes les fois que je fais l'addition de 2 et de 3 ou que je nombre les côtés d'un carré ». Et si ce n'est pas un Dieu tout-puissant qui m'a donné l'être, mais la nature ou toute autre cause, « nous aurons d'autant plus sujet de croire, que nous ne sommes pas si parfaits que nous ne puissions être continuellement abusés ».

Voilà ce fameux doute, ce doute « hyperbolique » de la spéculation pure, qui annonce le doute « transcendantal ». Il ne laisse subsister en nous qu'une procession d'images internes sans objets certains et même sans liaison certaine et nécessaire, puisque toute liaison de raisonnement est aussi une liaison de mémoire et que rien ne nous assure de la conformité du présent au passé.

Il semble donc que toutes nos croyances aient été consumées et réduites en cendres par le doute cartésien. Ne serait-ce là pourtant, comme on l'a prétendu, qu'un « incendie en peinture »? Là-dessus on a beaucoup discuté, on discute encore. Au fond — et on ne le remarque pas assez, — ce sont seulement les réalités, les *existences*, qui sont mises en doute. Mais Descartes ne rejette pas ce qu'il appelle les « notions communes » : par exemple, qu'une même chose ne peut à la fois être ou ne pas être, que tout changement a une cause, que toute qualité suppose une substance. C'est que de telles notions, à l'en croire, ne portent point sur des existences réelles, mais seulement sur des rapports d'idées. Au reste, il eût dû examiner cette question de plus près. Accordons-lui que le « principe de contradiction » ne nous fait point sortir de notre pensée pour atteindre des objets ; en est-il de même quand il nous parle de « causes » et de « substances »? Il eût dû soumettre au doute méthodique ces notions communes avec tout le reste et se demander jusqu'à quel point elles nous font faire un pas hors de notre propre pensée pour atteindre des objets différents d'elle. Mais alors Descartes eût fait l'œuvre de Kant.

On voit donc qu'après la grande élimination ou purification intellectuelle, il nous reste en premier lieu des idées et représentations, c'est-à-dire des états de conscience; en second lieu, certaines liaisons d'idées nécessaires, dont il aurait dû faire le dénombrement et la critique, mais qui ne nous apprennent rien, sur l'existence « hors de nous » d'objets différents de notre pensée. La plupart des interprètes oublient cette importante distinction entre les vérités communes, qui ne portent que sur l'existence, et les vérités particulières, qui nous font connaître des existences réelles. De là les cercles vicieux et pétitions de principes que nous verrons tout à l'heure attribuer à Descartes.

II. — Comment, du doute même, faire sortir quelque certitude qui nous mette en possession non seulement du « possible », ou même du « vrai », mais du « réel »? C'est le grand problème de la philosophie moderne, que Descartes a résolu par le *cogito*. Il y a une chose, en effet, une seule, qui ne m'apparaît pas comme une possibilité en l'air, mais bien comme une réalité actuelle : c'est ma pensée. Ma pensée est inséparable de l'être : je ne *suis* pour moi-même qu'en tant que je *pense*, et je ne pense qu'en tant que je suis. « Par le mot de pensée, dit Descartes, j'entends toutes ces choses que nous trouvons en nous avec la conscience qu'elles y sont, et autant que la conscience de ces choses est en nous. » Aussi peut-on dire aussi bien, selon lui : *Respiro, ergo sum,* à la condition qu'il s'agisse de la conscience même que nous avons de notre respiration. *Si fallor, sum*, avait déjà dit saint Augustin, sans en chercher davantage, sans voir dans cette présence immédiate de la pensée à elle-même l'*aliquid inconcussum*. Avec Descartes, ce principe est devenu la base de toute la philosophie. La transparence intérieure de la pensée qui se voit être et ne peut rien voir être qu'à travers soi, c'est l'idéalisme désormais fondé sur la réalité même, car, chose merveilleuse, la seule réalité qui soit absolument certaine se trouve être précisément celle qui existe *en idée*, qui est pensée et se pense !

Ce principe de la philosophie moderne était à la fois tellement simple et tellement profond qu'il n'a été et n'est encore aujourd'hui compris qu'imparfaitement. Combien de méchantes querelles faites à Descartes ! Votre « vérité première », objecte-t-on, présuppose une vérité antérieure : — Ce qui pense est, ou, en général, une même chose ne peut à la fois être ou ne pas être. — Et l'on oublie la distinction si juste faite par Descartes entre les « notions communes », qui ne nous apprennent l'existence d'aucun objet, et les vérités portant sur l'existence réelle. L'existence de la pensée est un « premier principe » en ce second sens, non dans l'autre, « parce qu'il n'y a rien, dit Descartes, dont l'existence nous soit plus connue que la pensée, ni antérieurement connue ». — « Vous faites un syllogisme », objecte-t-on encore — comme si le philosophe qui a si bien montré la stérilité des syllogismes allait tout d'un coup se mettre à syllogiser! Même quand il donne à son *cogito* la forme d'un raisonnement, c'est simplement pour en analyser le contenu et le mettre en évidence, « car le syllogisme, dit-il, ne sert qu'à enseigner ce qu'on sait déjà ». Et Descartes répète sur tous les tons qu' « il ne conclut pas son existence de sa pensée comme par la force de quelque syllogisme, mais comme une chose connue de soi ». Il la voit par une « simple inspection de l'esprit », par une « intuition » directe et instantanée, sans le secours de cette faillible mémoire qui, entre l'idée de la pensée sans être et l'idée de l'être inhérent à la pensée, pourrait avoir déjà changé, oublié, subi quelque illusion. Mais toutes les ruses du plus malin génie, ou, si l'on veut, de la nature, sont ici impuissantes : plus on me trompe et plus on me convainc de mon existence d'être pensant au moment même où je la pense. A plus forte raison n'y a-t-il là aucun syllogisme pour exercer la subtilité des partisans d'Aristote, car, remarque lui-même Descartes, il faudrait « auparavant connaître cette majeure : tout ce qui pense, est ou existe »; mais, au contraire, elle est enseignée à chacun « de ce qu'il sent en lui-même qu'il ne se peut pas faire qu'il pense, s'il n'existe : car c'est le propre de notre esprit de former des propositions générales de la connaissance des particulières ». C'est donc bien une connaissance *de fait*, et la seule primitive, que Descartes a établie, au profit de la pensée, qui a le privilège de se voir immédiatement comme réelle.

Dira-t-on, avec quelques critiques contemporains, que c'est là une « tautologie », une connaissance peu importante, où nous tournons sur nous-mêmes comme une porte sur ses gonds, sans avancer d'un sujet donné à un attribut nouveau qui ne serait pas donné ? Nous répondrons qu'il est de capitale importance, plus encore peut-être aujourd'hui qu'au temps de Descartes, d'établir que la seule réalité immédiatement certaine est précisément une réalité de conscience. Par là, en effet, la conscience fournit le seul type d'existence qui nous soit connu et connaissable. C'est quelque chose, assurément, puisque Descartes pose ainsi une limite infranchissable aux prétentions du matérialisme, présent ou à venir. Si la matière n'existe pour nous qu'en tant que nous la sentons et pensons, il est difficile de croire que la sensation, que la pensée n'ait pas elle-même une réalité supérieure. Sur ce point, la position de l'idéalisme moderne est à jamais inexpugnable. Les faits de conscience sont les premiers des faits, sans lesquels nous ne pourrions saisir aucun autre fait. Si donc, par la conception du mécanisme universel comme expliquant le monde entier des corps, même organisés, Descartes a fait au matérialisme la part la plus considérable qu'un philosophe puisse lui faire, en revanche, par son *cogito*, il a établi la base inébranlable de l'idéalisme.

En même temps que le *cogito* nous fournit le type de la réalité, il nous fournit celui de la certitude. Qu'est-ce qui fait que ma pensée est certaine? c'est que j'en ai l'idée « claire et distincte »; seules nos idées claires et distinctes atteignent directement leurs objets, ou plutôt, sont identiques à leurs objets mêmes. Au delà de mon idée claire de ma pensée, il ne peut y avoir une pensée qui en serait différente; au delà de mon idée claire d'étendue, il ne peut y avoir une étendue toute différente; au delà de mon idée claire de triangle, il ne peut y avoir un triangle qui ne lui serait pas conforme. Au contraire, par delà mes idées confuses de chaleur et de froid, il y a quelque chose qui ne leur ressemble pas; ces idées ne doivent donc point entrer comme telles dans la science. On pense véritablement ou on ne pense pas, mais on ne peut véritablement penser que ce qui est. Quand vous dites : « La neige est froide », vous croyez penser : vous ne faites qu'exprimer cette affection obscure et indéfinissable que vous éprouvez au contact de la neige; mais la transporter à la neige elle-même, est-ce là penser? Non, c'est rêver, c'est prendre une affection de vos sens, dont vous ne pouvez vous expliquer la nature, pour une qualité inhérente à la neige elle-même. Et ainsi rêvons-nous tous quand nous croyons que l'herbe de la prairie est verte, que la cloche qui tinte est sonore, que le soleil même est brillant. Oui, le soleil a beau m'éblouir, il n'éblouit que mes yeux, non mon esprit; son éclat même est dans ma faculté de sentir, il est en moi, non en lui; pour ma « pensée », dégagée des sens, le soleil n'est qu'un va-et-vient vertigineux de particules qui se choquent et rebondissent, animées d'une vitesse extrême, et qui ébranlent au loin l'éther comme une cloche énorme ébranle l'air.

Ce que nous pensons d'une vraie pensée, avons-nous dit, existe par cela même que nous le pensons; dès lors, pour le philosophe et le savant, dans le domaine accessible à nos moyens de connaître (le seul dont nous ayons à nous occuper), ce qui est intelligible est réel, ce qui est réel est intelligible. Avant Spinoza et avant Hegel, mais en restreignant avec sagesse la proposition, Descartes admet l'identité du réel et du rationnel. Par là encore il devance l'idéalisme de nos jours.

Cette valeur objective que Descartes attribue à nos idées claires et distinctes fonde la certitude de la science. Chacun porte en soi sa propre infaillibilité; il ne tient qu'à nous de l'y trouver, et c'est l'objet même de la méthode. Voulez-vous posséder la certitude, soyez absolument sincère et véridique en vos jugements, c'est-à-dire n'y introduisez que ce dont vous avez réellement la vision claire. Toute affirmation, répète Descartes, est active et volontaire; affirmer, c'est *vouloir* que telle chose soit hors de nous comme elle nous apparaît, et parler ou agir en conséquence; c'est passer activement du point de vue des apparences au point de vue de la réalité extérieure. N'affirmez donc rien au delà de votre vision intellectuelle, et vous ne vous tromperez jamais. Traduire exactement votre état de conscience, voilà qui dépend de vous, de vous seul. Vous voyez clairement, dites : « Je vois »; vous voyez obscurément, dites : « Je vois mal »; vous doutez, dites : « Je doute ». Ne pas se mentir à soi-même, ne pas mentir aux autres en prétendant savoir ce qu'on ne sait pas, c'est la véracité du philosophe, laquelle, soit qu'il connaisse, ignore ou doute, fait son infaillibilité. Qu'on ne nous parle donc plus d'autorités étrangères à notre conscience, d'Aristote, de Platon, de tous ceux qui nous ont précédés : aucun homme ne doit s'interposer entre la clarté de la lumière et la clarté de notre esprit. Cremonini, apprenant que Galilée avait découvert des satellites autour de Jupiter, ne voulut pas, prétend-on, regarder à travers un télescope, pour ne pas découvrir là-haut le contraire de ce qu'avait dit ici-bas Aristote; Descartes, lui, ne veut même pas « savoir s'il y a eu des hommes avant lui ». Tout intermédiaire lui est suspect entre l'être et la pensée, qui sont faits l'un pour l'autre, qui sont au fond une seule et même réalité devenue diaphane pour soi, devenue vérité. Mettons-nous en présence de la vérité et adorons-la.

Aux formules mortes de la scolastique, le Luther de la philosophie et de la science a substitué la vie et le mouvement de la pensée, se développant sans autre loi que celle qu'elle trouve en elle-même : chercher la pure lumière avec des yeux dont rien ne trouble la pureté.

Les conséquences du grand principe qui précède sont bien connues. Si la science, fruit de la véritable méthode, a la certitude, elle a par cela même la puissance; c'est une croyance de Descartes qui lui est commune avec Bacon et avec tous les savants de son époque. Savoir, c'est pouvoir dans la mesure même où l'on sait. Si nous n'avons pas l'omnipotence, c'est que nous n'avons pas l'omniscience. Mais nous pouvons accroître sans cesse notre savoir, et de là dérive la foi cartésienne dans le progrès de la science à l'infini. Toutes les choses qui peuvent tomber sous la connaissance des hommes s'entre-suivent, dit-il, de la même façon que les raisons des géomètres; pourvu donc « qu'on s'abstienne d'en recevoir aucune pour vraie qui ne le soit, et qu'on garde toujours l'ordre qu'il faut pour les déduire les unes des autres, il n'y en peut avoir de si éloignées auxquelles on ne parvienne, ni de si cachées qu'on ne découvre ». Ce qu'on nomme l'« antiquité » n'était vraiment que l'enfance et la jeunesse du genre humain : « A nous plutôt convient le nom d'anciens; car le monde est plus vieux qu'alors, et nous avons une plus grande expérience ». Les derniers venus commenceront où les précédents auront achevé, et ainsi, « joignant les vies et travaux de plusieurs », nous irons tous ensemble « beaucoup plus loin que chacun en particulier ne pourrait faire ». Descartes était un enthousiaste de la science. Et ui-même a dit : « C'est un signe de médiocrité l'esprit que d'être incapable d'enthousiasme ».

Au progrès de la spéculation répondra celui de la pratique. A cette philosophie spéculative qu'on enseignait dans les écoles, Descartes en veut substituer une « pratique », qui servira « pour l'invention d'une infinité d'artifices ». De plus, « on se pourrait exempter d'une infinité de maladies, tant du corps que de l'esprit, et même aussi peut-être de l'affaiblissement de la vieillesse, si on avait assez la connaissance de leurs causes et de tous les remèdes dont la nature nous a pourvus ».

Une telle foi à la science engendre, on le voit, un véritable optimisme. Il dépend de nous et de ne plus nous tromper et de ne plus subir les conséquences pratiques de l'erreur, et de diminuer indéfiniment les maux de la condition humaine. Là-dessus, Descartes lui-même dut en rabattre. Après avoir espéré reculer la mort, il finit par avouer que le moyen le plus sûr pour la vaincre, « c'est de ne pas la craindre ».

CHAPITRE II

LA PENSÉE ET SON RAPPORT AVEC LA MATIÈRE

I. — Passons maintenant aux conséquences idéalistes que Descartes a tirées de son *cogito* relativement à l'âme, à Dieu, à la matière, et demandons-nous ce que la philosophie actuelle peut en conserver.

Ce qui importe dans l'analyse du *cogito* et de ses conséquences, c'est de ne pas affirmer « au delà de notre intellection », comme dirait Descartes. Soumettons donc à l'examen les deux termes extrêmes : le *je* et le *suis*, l'idée du moi et l'idée de l'existence. Le problème est capital, puisque c'est ici notre moi qui est en question. *Je pense*, qu'est-ce à dire? Si le fait de la pensée ou de la conscience est indéniable, le *moi* est-il aussi indéniable? Ne faudrait-il point se contenter de dire : Je pense, donc il y a de la pensée, sans prétendre poser un moi qui est peut-être illusoire? — Certes, si vous entendez par *moi* autre chose que votre pensée même, vous n'avez pas le droit d'introduire ce nouveau personnage. Mais si vous prétendez que la pensée m'apparaît détachée, sous une forme impersonnelle, comme *la* pensée et non *ma* pensée, voilà qui est insoutenable aux yeux de Descartes. Ma pensée n'est pas comme un terrain vague qui n'appartiendrait encore à personne ; elle est de prime abord appropriée ; il m'est même impossible de concevoir une pensée entre ciel et terre qui ne serait pas un sujet pensant, une sensation qui ne serait pas *ma* sensation, ou *votre* sensation, ou la sensation de quelque autre. Assurément on peut sentir, penser, agir, sans *réfléchir* sur son moi, mais on le sent toujours. Alfred de Musset dit qu'« on pense à tous ceux qu'on aime, sans le savoir » ; on se pense aussi soi-même sans le savoir. Descartes a donc bien le droit de mettre son *cogito* à la première personne du singulier et de poser ainsi une conscience à forme *personnelle*.

Seulement, est-ce autre chose qu'une « forme » ? Voilà ce que Descartes ne se demande pas, et ce que se demande la philosophie contemporaine : dans la conscience du moi, elle voit le résultat d'un long développement chez l'individu et chez l'espèce. Je m'aperçois actuellement, sous la forme du moi, comme une individualité distincte s'opposant au « non-moi » ; mais rien ne prouve que tout état de conscience, même le plus rudimentaire, ait déjà cette forme. La seule chose qui soit immédiate et certaine, en y regardant de près, c'est un état quelconque de conscience — sensation, plaisir, douleur, désir, etc., — tel qu'il est au moment même où il se produit. Cet état a une réalité concrète qui en fait l'état d'un être déterminé; il a de plus une tendance naturelle et invincible à s'orienter vers un moi, à se polariser en quelque sorte; pourtant, ce moi auquel je l'attribue, ce n'est qu'une manière de me représenter l'existence dont j'ai conscience. Ce moi que je prends pour le pur « sujet » de la pensée est en réalité un « objet »; c'est un moi conçu et pensé que j'érige en moi pensant. C'est une idée où tous les états de conscience viennent aboutir et que je prends pour une donnée immédiate de la conscience. — Je pense, donc il existe quelque être qui pense et qui se pense sous l'idée du moi, qui devient ainsi à lui-même son objet sous cette idée du moi, — voilà tout ce que nous avons le droit de conclure aujourd'hui, après tant de discussions sur le *cogito* qui ont agité la philosophie moderne.

Un autre petit mot non moins gros de difficultés que le *je*, c'est le *suis*. Descartes veut-il, ici encore, poser une existence différente de la pensée actuelle, un objet qui servirait de soutien au sujet pensant, ou, comme on dit, une « substance »? Alors tout est perdu : il ne trouvera jamais de pont pour franchir l'abîme. « Je pense, donc je suis pensant », on ne peut sortir de là; mais y a-t-il au delà et au-dessous de ma pensée une substance autre que ce qu'elle aperçoit d'elle-même en elle-même? Si oui, j'aurai beau regarder dans ma pensée, il est clair que je n'y verrai point ce qui n'y est point compris. Comment une substance échappant à ma conscience pourrait-elle être l'objet de ma conscience?

Sur ce point, Descartes a été flottant. Il parle encore assez souvent de « substance » à la manière scolastique, comme si la pensée, semblable à l'éléphant des Indiens soutenant le monde, avait elle-même besoin d'être soutenue par la substance, comme par l'écaille de la tortue; mais, quand Descartes parle ainsi, il parle contre lui-même. Le fond de sa doctrine, en effet, c'est que cela seul est intelligible qui est clairement et distinctement pensé; d'où il suit que, pour nous, « la pensée est une même chose avec l'être »; et c'est précisément cette unité de la pensée et de l'être qui est saisie dans le *cogito*. En pensant, nous prenons pied dans le domaine de l'être. Comment donc chercher encore au delà de notre conscience un je ne sais quoi de mort et de brut, qui constituerait la réalité insaisissable? Appelons-en de Descartes à lui-même. « Nous ne devons point, dit-il, concevoir la pensée et l'étendue autrement que comme la substance même qui pense et qui est étendue. »

En somme, après toutes les analyses auxquelles les philosophes, à partir de Descartes, ont soumis le fait de conscience, voici ce qu'on peut conclure. L'état actuel de conscience n'annonce que sa propre existence actuelle; il ne nous dit rien, ni sur sa substance, s'il en a une, ni sur sa cause, ni, en un mot, sur ses conditions d'existence et d'apparition. Tout ce qu'il peut dire, c'est : me voilà. D'où suis-je venu? où vais-je? comment suis-je né? De quoi suis-je fait? Autant d'x. Descartes nous a appris lui-même à mettre en doute tous les *objets* dont nous ne sommes pas certains par une intuition immédiate. Donc, si j'ai une substance, je ne la connais pas, car c'est là un objet de ma pensée et non plus ma pensée elle-même; si j'ai une cause, je ne la connais pas, car c'est encore là un objet de ma pensée; si j'ai des conditions, si j'ai des antécédents, si j'ai des élements, je ne les connais pas, puisque tout cela, ce sont des objets de ma pensée. Mon état de conscience ressemble à l'enfant qui sort du ventre de sa mère, et qui ignore comment il est né. Le moi lui-même auquel, une fois adulte, j'attribue mon état actuel de conscience, est un « objet » que je pense comme condition de ma pensée; à ce titre et en ce sens, le moi est incertain; le seul « sujet » qui soit immédiatement présent à lui-même et ne se puisse mettre en doute, c'est mon état actuel de conscience, avec le sentiment de réalité ou d'existence qu'il enveloppe nécessairement.

Concluons que Descartes a trop vite oublié sa règle fondamentale : n'admettre pour vraies que les idées claires et distinctes. Quand il s'est trouvé devant l'idée de substance, comment n'a-t-il pas reconnu qu'il n'y en a point de plus confuse? Aussi disparaît-elle de l'idéalisme contemporain.

II. — Cette obscure idée de substance va étendre son ombre sur la philosophie entière de Descartes et, tout d'abord, sur la distinction de l'âme et du corps. Voici le principe d'où part Descartes : si je puis, *dans ma pensée*, concevoir une première chose indépendamment d'une seconde, c'est que, *dans la réalité*, la première est substantiellement indépendante de la seconde. De là Descartes va tirer la distinction de l'âme, substance pensante, et du corps, substance étendue. L'argument ne laisse pas d'être ingénieux. Je trouve en moi-même, par la réflexion, un être réel, quel qu'il soit, qui existe, puisqu'il pense, qui ne se connaît qu'en temps qu'il se pense, et qui est tout entier à ses yeux dans la conscience qu'il a de lui-même; or cette conscience pure de soi n'enveloppe, prétend Descartes, aucune notion d'étendue, de figure, de couleur, de son, ni, en général, de corps. Mais ici nous pouvons arrêter notre philosophe. — « O esprit », ô pensée! lui dirons-nous, où donc est cette conscience pure qui n'envelopperait aucune notion d'étendue, de figure, de mouvement? Vous pensez, dites-vous; mais *cogito* est un mot que vous prononcez intérieurement, et en le prononçant, vous sentez de faibles mouvements dans votre larynx; de plus, vous croyez entendre ce mot, et le son *cogito* est présent à votre conscience. Voilà donc des mouvements et des sons dans votre pensée pure. Faites abstraction de ces mouvements et de ces sons, si vous pensez et pensez que vous pensez, on vous demandera immédiatement : à quoi pensez-vous? Car, si vous n'avez plus dans l'esprit l'image du mot *cogito*, il faut alors que vous y ayez une autre image à laquelle s'applique votre pensée. Vous ne pensez pas sans rien penser. Or, quelle que soit l'image que vous considérez, ô esprit, elle aura un rapport à l'étendue, à la forme, aux couleurs, aux sons, aux mouvements. Elle vous présentera des parties distinctes l'une de l'autre et répandues plus ou moins confusément dans l'espace. Direz-vous que vous pensez non à quelque objet extérieur, mais à un état tout subjectif et interne, comme une douleur, par exemple? Une douleur! Laquelle? où souffrez-vous, ô esprit? Dans quelle partie de votre « chair »? Une douleur est toujours localisée quelque part, si confusément que ce soit, fût-ce dans un membre amputé, comme vous l'avez bien dit vous-même. Et quoiqu'il y ait alors illusion, encore est-il que vous ne pouvez ni souffrir, ni penser que vous souffrez, sans vous loger malgré vous dans l'espace et y élire domicile. — Mais c'est une douleur morale! — Laquelle? Est-ce d'avoir perdu votre père, ou cette fille, votre Francine, que vous avez tant pleurée? Vous voilà encore dans l'espace; vous vous représentez plus que jamais des « figures », et des figures qui vous sont chères. Votre dernière ressource est de prétendre que vous avez, comme le Dieu d'Aristote, la pensée de votre pensée même, la conscience de penser, sans mot intermédiaire et sans image intermédiaire. Mais, même en cette conscience de penser, vous trouvez au moins la conscience de faire *attention* à votre pensée, et à votre pensée seule : or cette attention ne va pas sans un *effort* — à preuve que vous considérez la métaphysique comme un exercice fatigant qui ne doit occuper, dites-vous, que « quelques heures par année ». Eh bien, il n'y a aucun sentiment d'effort sans une contraction des muscles de la tête et du corps entier, sans une production de chaleur à la tête, sans une fixation des muscles de la respiration, si bien que, ô pensée! quand vous vous croyez seule avec vous-même, vous retrouvez toujours votre chair qui vous fait sentir sa présence. Sans ce point d'appui extérieur auquel elle s'attache, vous vous évanouiriez dans le vide. Loin donc d'être, comme vous le dites, « complète » indépendamment du monde extérieur, vous n'existeriez pas sans lui. C'est par pure abstraction que vous voulez vous réduire à une action solitaire : être seule, pour la pensée, c'est cesser d'être.

D'autre part, qu'on essaie de concevoir des objets sans aucune espèce d'emprunt à la pensée; qu'on essaie de concevoir l'étendue seule, comme une « chose complète », par conséquent comme une « substance », selon la définition de Descartes; on n'y parviendra pas davantage. L'étendue *toute seule* est encore de l'étendue pensée et même sentie. Elle est pensée, car elle enveloppe une pluralité infinie de parties entre lesquelles il y a un ordre intelligible; et qui donc, plus que Descartes, était près de réduire l'étendue à une idée? Nous avons beau vouloir dépouiller l'espace de tout ce qui pourrait venir de nous-mêmes, impossible. Il n'est que le dernier résidu de nos sensations visuelles et tactiles, ainsi que de nos sensations de mouvements; c'est un théâtre vide où nous nous promenons par l'imagination, où nous distinguons encore le haut et le bas, la droite et la gauche, où nous plongeons le regard et où nous étendons les mains. La matière, c'est un extrait de nos sensations et une construction de notre pensée. Si donc il n'y a point de sujet sans objet, il n'y a point pour nous d'objet sans sujet. La connaissance de la pensée comme « complète » implique la connaissance des objets de la pensée et de la sensation. Descartes aurait donc dû, selon ses propres principes, ne pas couper le monde en deux.

Aux discussions sur la substance de l'esprit et de la matière, la philosophie moderne substitue de plus en plus l'examen des causes, ou, pour éliminer tout reste de scolastique, l'examen des *conditions* déterminantes. Quelles sont donc les conditions de la pensée? Est-ce en regardant dans sa conscience même qu'on les trouvera? Est-ce en combinant des idées dans son esprit? Je pense, donc je suis, sans doute; mais sous quelles conditions puis-je à la fois exister et penser? J'aurai beau scruter ma pensée même, je n'y trouverai pas les conditions qui cependant lui sont essentielles, par exemple l'existence du cerveau et des vibrations cérébrales. Qu'on me fasse respirer du chloroforme, et voilà ma pensée tellement suspendue qu'elle semble annihilée, ou réduite à un état voisin de l'inconscience. Comment aurais-je pu deviner ces conditions de ma pensée par l'inspection de mon moi solitaire? Quelle que soit la nature, spirituelle ou non, de la pensée, quelle que soit sa « substance », spirituelle ou non, quelle que soit même son « essence », analogue ou opposée à celle de la matière, qu'importe, si son apparition de fait, si son exercice est subordonné à des conditions différentes d'elle et que l'expérience seule peut déterminer? J'aurai beau, en idée, « séparer » ma pensée de mon corps, il n'en résultera nullement qu'elle n'y ait pas ses conditions nécessaires, sinon suffisantes, et, comme une seule condition qui manque fait tout manquer, tel trouble de mon cerveau coupera court à mon *cogito* philosophique. Dire avec Descartes : — Je puis me représenter ma pensée sans mon cerveau, donc elle en est indépendante, — c'est comme si je disais : Je puis me représenter ma tête sans mon corps, donc ma tête est indépendante de mon corps.

III. — Au reste, si Descartes a insisté d'ordinaire sur la distinction de la pensée et de la matière, il a plusieurs fois marqué fortement leur unité. C'est un point sur lequel on ne lui a pas rendu justice ; on nous permettra donc de le signaler et de rectifier ici les opinions reçues.

Dans la lettre déjà citée à Élisabeth, Descartes aborde ce grand problème de l'union entre l'âme et le corps. Il avoue que, son principal dessein ayant été de les distinguer, il a quelque peu négligé leur union. Et cependant cette union est réelle ; l'idée même de cette union, qui n'est autre que l'idée de la vie, est, dit-il, une des trois grandes notions fondamentales qui sont « comme les patrons » sur lesquels nous nous figurons toutes choses. On se rappelle que les deux autres notions fondamentales sont celles de la pensée et de l'étendue. Or « concevoir l'union entre deux choses », dit Descartes, « c'est les concevoir comme une seule ». On ne saurait aller plus loin. Et ailleurs : « concevoir l'âme comme matérielle, c'est proprement concevoir son union avec le corps ». Aussi ne semble-t-il pas à Descartes « que l'esprit humain soit capable de concevoir bien distinctement en même temps la distinction d'entre l'âme et le corps et leur union, à cause qu'il faut pour cela les concevoir comme une seule chose et ensemble les concevoir comme deux, ce qui se contrarie ». On voit donc que Descartes considère les deux points de vue comme légitimes ; il ne se représente nullement l'âme, dit-il, « comme un pilote dans un navire » ; pensée et étendue sont une seule réalité, car nous vivons et agissons avec la conscience de vivre et d'agir dans un monde étendu ; et cependant, pensée et étendue sont d'essence différente. En effet, « après avoir *conçu* cela (l'union de la pensée et de la matière) et avoir bien *éprouvé* en soi-même, il sera aisé à Votre Altesse de considérer que la matière qu'elle aura attribuée à cette pensée n'est pas la pensée même, et que l'extension de cette matière est d'autre sorte que l'extension de cette pensée. » Ce voyage autour de soi-même est des plus pittoresques : le philosophe parcourt trois cercles concentriques. Il pense, puis il détache de sa propre pensée la matière étendue qu'elle conçoit : l'étendue, c'est ma pensée.

en ce que je la pense, et cependant ce n'est pas ma pensée en ce que l'extension locale exclut toute autre extension là où elle est présente, tandis que l' « extension de ma pensée » n'a pas ce caractère. Enfin, dans le dernier cercle, le philosophe sent et agit comme tout le monde, il « éprouve » son unité de personne à la fois corporelle et spirituelle.

Mais comment la pensée peut-elle agir sur l'étendue et pâtir de sa part? — On sait la réponse de Descartes : la pensée n'agit pas, comme pensée, sur l'étendue comme étendue, *et invicem*. Ne sautons pas d'un cercle à l'autre, d'un point de vue à un point de vue tout différent. Demander comment la pensée agit sur la matière, c'est se figurer la pensée « comme un corps qui en pousse un autre », c'est consulter l' « imagination », au lieu de l' « entendement », qui seul ici serait de mise. Un corps n'en pousse même pas un autre, mais le mouvement du premier se continue dans le second. Or le mouvement ne peut pas se continuer dans la pensée, qui n'est plus mouvement. Concevez donc les mouvements d'un côté, qui se transforment l'un dans l'autre, et les pensées de l'autre côté, qui se continuent aussi l'une dans l'autre; de plus, souvenez-vous que, dans la réalité, il y a union et même « unité », entre la série des mouvements et celle des pensées; et n'en demandez pas davantage. — De nos jours, nous ne sommes pas plus avancés que Descartes dans la solution du mystère, et la philosophie actuelle n'a rien de mieux à faire que de suivre le conseil cartésien : ne jamais confondre la série des mouvements avec la série des états de conscience, et ne jamais non plus les séparer. « Toute la science des hommes, dit Descartes à Élisabeth, ne consiste qu'à bien distinguer les notions primitives », qui rentrent dans les trois classes de la pensée, de l'étendue et de l'union entre les deux; « et à n'attribuer chacune d'elles qu'aux choses auxquelles elles appartiennent », les pensées aux pensées, les mouvements aux mouvements, l'agir et le sentir à l'union de la pensée et du mouvement. « Car, lorsque nous voulons expliquer quelque difficulté par le moyen d'une notion qui ne lui appartient pas, nous ne pouvons manquer de nous méprendre. » Ainsi font les matérialistes, qui veulent expliquer la pensée par le mouvement; ou encore les scolastiques, qui expliquent les phénomènes du mouvement par des forces, vertus, qualités d'ordre mental. Et nous nous méprenons de même « lorsque nous voulons expliquer une de ces notions (primitives) par une autre », la pensée par le mouvement, le mouvement par la pensée, l'union du mouvement et de la pensée par le mouvement seul, ou par la pensée seule, ou par la simple juxtaposition du mouvement et de la pensée; « car, étant primitive », chacune de ces notions « ne peut être entendue que par elle-même ». Donc la vie réelle, qui est l'unité du penser et du mouvoir, ne peut s'entendre que par elle-même, en vivant.

CHAPITRE III

LA THÉORIE DES IDÉES

Au problème des rapports de l'esprit et du corps se rattache celui des idées. On aurait mieux compris la fameuse théorie de Descartes sur les idées innées, si on l'avait envisagée par là; interprétée en son vrai sens, elle prend un aspect nouveau et original que nous devons mettre en lumière. Cette théorie souleva, ainsi que les autres doctrines cartésiennes, les objections de Hobbes, de Gassendi, d'Arnauld, d'une foule d'autres philosophes dont il avait demandé les critiques avant de donner à l'imprimeur le manuscrit de ses *Méditations*. — « Je ne me persuade pas, leur répond Descartes, que l'esprit d'un petit enfant médite dans le ventre de sa mère sur les choses métaphysiques. » Inné ne veut pas dire : né avec nous dès le premier instant de notre vie, mais : naissant en nous, à quelque moment que ce soit, sans provenir du dehors. En d'autres termes, notre entendement a une certaine constitution naturelle, qui le rend propre à prendre de lui-même telles formes ou telles directions et à en avoir une conscience qu'on appelle l'idée. Descartes s'indigne qu'on méconnaisse cette constitution native, et, devançant les vues profondes de l'idéalisme kantien, il s'écrie : « Comme si la faculté de penser, qu'a l'esprit, ne pouvait d'elle-même rien produire ! » Dans cette doctrine des formes naturelles de la pensée on voit encore poindre, non seulement Kant, mais même Fichte et Schopenhauer. Car Descartes va jusqu'à dire à propos des idées venues du monde extérieur : « Peut-être qu'il y a en moi quelque faculté ou puissance propre à produire ces idées *sans l'aide d'aucune chose extérieure*, bien qu'elle ne me soit pas encore connue ». C'est donc peut-être ma pensée qui enfante le monde de représentations que j'appelle les choses sensibles. Schopenhauer répondra : « Oui, le monde, c'est ma représentation ».

Descartes est si ennemi des *idées* proprement innées, dont les mauvaises querelles de Locke lui ont attribué la paternité, qu'il les considère comme des êtres de raison, comme des « espèces » à la façon scolastique ; et, selon lui, il n'y a pas plus d'espèces dans l'esprit que dans le corps. Descartes n'admet pas même que l'on conçoive les idées comme contenues dans l'entendement à la façon de l'eau dans la source d'où elle jaillit, car l'eau est contenue actuellement dans la source et y est toute formée d'avance, tandis que nos idées ne sont point formées d'avance dans notre entendement, qui a seulement le pouvoir de les former en appliquant ses lois essentielles. « Je n'ai jamais jugé ni écrit, dit Descartes, que l'esprit ait besoin d'idées naturelles qui seraient quelque chose de différent de la faculté qu'il a de penser. » Que sont les qualités corporelles? Des modifications de l'étendue se déroulant selon les lois mathématiques, voilà tout. Que sont les idées de l'esprit? Des modifications de la conscience se déroulant selon les lois de la logique; elles sont comme les mouvements réglés et les formes de la conscience, déterminées par trois raisons : la nature propre de la conscience, qui est la pensée ou « intellection »; la nature des objets intelligibles, enfin l' « occasion » apportée par les mouvements de notre cerveau et dont nous avons le sentiment sous le nom de sensations. Descartes nous invite lui-même à juger de ce qui se passe en notre esprit par analogie avec « la manière dont se produisent au dehors les mouvements ». Or en quel sens peut-on dire que les mouvements sont *naturels* à l'étendue, *innés* à l'étendue? Est-ce en ce sens que tel mouvement du soleil, par exemple, aurait toujours existé? Non, mais en ce sens que, étant donnés la nature de l'étendue et tel mouvement primordial entre ses parties, le mouvement actuel du soleil en dérive selon les lois inhérentes à l'essence même de l'étendue. Pareillement, étant donnée telle idée claire et distincte, telle connaissance digne du nom d'intellection — par conséquent telle aperception de rapports intelligibles par mon intelligence, — cette idée ne résulte pas de raisons extérieures, mais de lois inhérentes à l'essence même de l'esprit. Si une figure de l'étendue ou un mouvement ne saurait s'expliquer par nos idées, nos idées à leur tour ne peuvent s'expliquer par les mouvements et figures de l'étendue. Rendons à l'esprit ce qui appartient à l'esprit, au corps ce qui appartient au corps : comme le corps seul est capable de se mouvoir dans l'espace, « l'intelligence seule est capable de connaître la vérité ». Toute connaissance de rapports vrais et intelligibles, toute intellection est donc l'œuvre de l'intelligence, même quand il s'agit des choses extérieures. Et, à plus forte raison, « les idées de la douleur, des couleurs, des sons et de toutes les choses sensibles nous doivent-elles être naturelles », non en ce sens que nous aurions toujours eu l'idée de la douleur, avant même de l'éprouver, ou l'idée de la couleur avant d'avoir ouvert les yeux, mais en ce sens que la douleur, la couleur même, le son n'existant pas en dehors de notre conscience, les impressions du dehors ne peuvent vraiment les faire entrer en nous du dehors : il faut donc que ces idées se développent du dedans, comme le germe d'une maladie apporté en naissant. « Je les ai nommées naturelles, ces idées, ajoute-t-il, mais je l'ai dit au même sens que nous disons que la goutte ou la gravelle est naturelle à certaines familles. Non pas que les enfants qui prennent naissance dans ces familles soient travaillés de ces maladies au ventre de leur mère, mais parce qu'ils naissent avec la disposition ou la faculté de les contracter. » Cette remarquable comparaison des idées « naturelles » avec les qualités ou maladies du corps transmises par hérédité est une intuition anticipée de la doctrine évolutionniste, qui explique les formes de la pensée par les formes du cerveau, celles du cerveau par une organisation héréditaire. Mais Descartes n'aurait point voulu admettre, avec Spencer, que tout soit « produit » dans notre pensée par l'action du monde extérieur. Cette action, Descartes la supprime même, à vrai dire, puisqu'il admet deux séries parallèles — idées et mouvements, — qui se développent simultanément, *pari passu*. Il faut donc bien que le monde intérieur ait en lui-même ses raisons de développement et conserve sa logique native, tout comme la nature de l'étendue a en soi les propriétés mathématiques et mécaniques qui n'en sont que le déploiement.

Avons-nous besoin de faire remarquer combien nous sommes loin de la ridicule théorie qu'il est de tradition d'attribuer à Descartes et de réfuter triomphalement, sous ce nom d'idées « innées » ? Quelque opinion qu'on adopte sur le sujet, il est difficile de refuser à Descartes le grand principe de sa théorie idéaliste : que les idées ou images des choses se produisent en nous nécessairement, selon les lois naturelles de notre esprit, comme les figures de l'étendue se produisent nécessairement selon les lois naturelles du mouvement.

CHAPITRE IV

L'IDÉE DE L'ÊTRE PARFAIT

I. — Avec l'idée du moi, l'idée la plus « naturelle » à l'esprit, selon Descartes, est celle de l'infini. On a quelquefois prétendu que l'idée de Dieu, dans la philosophie cartésienne, avait un rôle accessoire et surajouté. En fait, cette idée est aussi fondamentale chez Descartes que chez Spinoza. Mais autre est la philosophie, autre la théologie. Descartes avait « sécularisé » la métaphysique et la théologie tout comme la science. Voyons donc ce que fut la théologie rationnelle de Descartes.

Toute la métaphysique est une pyramide d'idées, puisque nous ne saisissons l'être que dans et par l'idée; c'est là un principe désormais accepté par l'idéalisme moderne. Il s'agit donc de ranger nos idées dans l'ordre de leur valeur, pour mettre au sommet de la pyramide la notion où toutes les autres viennent converger et se réunir. Or d'après Descartes, si on divise les idées selon leurs objets, non plus selon leur origine, elles se rangeront en trois grandes classes : ici, l'idée intuitive d'un être réel qui pourrait ne pas exister, à savoir moi, « ma pensée » ; là, les idées d'êtres simplement possibles et dont l'existence ne m'est pas immédiatement donnée : c'est le monde extérieur; enfin, au plus haut de mon intelligence, l'idée d'un être nécessaire, où la possibilité et l'existence réelle sont inséparables. Tant qu'on n'est pas remonté à cette dernière idée, il reste, selon Descartes, une universelle séparation entre le possible et le réel, et on ne sait plus comment passer de l'un à l'autre. En effet, je me vois bien réel, moi, quand je dis : je *pense*; mais à quel titre cette réalité est-elle possible, n'étant point nécessaire ? Quant aux corps, je les conçois bien comme « possibles », par cela même que j'en ai la représentation en moi, mais comment savoir s'ils sont « réels » hors de moi, puisqu'ils ne sont point nécessaires ? De là, selon Descartes, le besoin d'un terme supérieur, dont la réalité soit donnée parce qu'elle est non plus seulement possible, mais nécessaire. En cette idée seule la pensée trouve son repos, et le monde entier son soutien; supprimez cette idée, tout s'écroule : je reste seul en face de ma réalité actuelle, bornée à ma pensée présente, sans garantie ni de mon existence passée, qui ne m'est attestée que par ma mémoire faillible, ni de mon existence future, qui ne découle en rien de mon existence actuelle, « les moments de la durée étant indépendants l'un de l'autre ». Ainsi réduite au : « Je pense en ce moment et en ce moment je suis », mon existence n'est plus qu'un point perdu dans un vide immense, flottant entre l'être et le néant; et elle est enveloppée, comme d'autant de fantômes, d'apparences extérieures dont je ne puis savoir si elles ne sont point un rêve que je fais les yeux ouverts.

Descartes a eu ici le tort, comme pour le *cogito*, de mettre à la fin sa doctrine en syllogismes, et, sous prétexte de lui donner ainsi une forme plus claire, il l'a obscurcie. Pas plus que notre existence ne se conclut par syllogisme de notre pensée, l'existence de Dieu ne peut se conclure par syllogisme d'une majeure où elle serait posée comme simplement possible. C'est une analyse et une classification d'idées qu'il faut substituer au syllogisme, pour être fidèle à la méthode même de Descartes, dont les deux procédés essentiels sont l' « intuition », s'exprimant dans une idée, et l' « analyse » de l'idée en ses éléments simples. Étant donnée l'idée du parfait, que nous avons tous, quelle valeur faut-il lui attribuer, quelle place parmi toutes les autres idées? Faut-il la ranger dans la classe des possibilités pures ou dans celle des existences? Voilà la vraie question. Malgré le danger qu'il y avait à comparer l'idée suprême avec des idées inférieures et d'une autre catégorie, Descartes, pour se faire comprendre, donne l'exemple trop fameux du triangle. Il y a contradiction à dire : je conçois bien le triangle, mais je le conçois avec quatre angles au lieu de trois, — car alors on prétend concevoir le triangle, mais on conçoit réellement le quadrilatère. De même, selon Descartes, vous ne pouvez dire que du bout des lèvres : — Je conçois la perfection comme ayant toutes les raisons d'être, mais je la conçois comme n'étant pas ; j'ai l'idée de l'être parfait comme manquant de quelque chose pour exister. — Descartes ne veut pas qu'on prête à nos idées des attributs qui ne leur conviennent point, comme un algébriste qui attribuerait à des quantités un faux exposant. Il y a d'abord un être qui, dans son idée même, m'est donné comme réel, quoique contingent, c'est moi ; il y a ensuite des êtres contingents qui, dans leur idée, ne me sont donnés que comme possibles, les corps ; mais il y a un être qui, dans son idée, m'est donné comme nécessaire, l'être parfait. « Étant assuré que je ne puis avoir aucune connaissance de ce qui est hors de moi que par l'entremise des idées que j'ai en moi, je me garde bien de rapporter mes idées immédiatement aux choses et de leur attribuer rien de positif que je ne l'aperçoive auparavant en leurs idées. » Voilà le principe de tout idéalisme. D'où cette conséquence : ce qui « répugne à nos idées des choses est *absolument* impossible de ces choses ». Par là Descartes fait de l'idéalisme même le moyen d'atteindre au vrai réalisme ; mais, au lieu de dire : « absolument impossible », il eût dû dire : « relativement à nous ». C'est la grande correction apportée par Kant à l'idéalisme moderne.

Au reste, selon Descartes lui-même, il ne suffit pas de dire, d'une manière générale : « Dans toute idée il y a de l'être » pour changer l'idéalisme en une possession de la réalité; il faut distinguer les degrés même de l'être que nos idées représentent, et les classer selon ces degrés. De là cette proposition capitale de la philosophie cartésienne : « Dans l'idée ou le concept de chaque être, l'existence y est contenue, parce que nous ne pouvons rien concevoir que sous la forme d'une chose qui existe; mais avec cette différence que, dans le concept d'une chose limitée, l'existence possible ou contingente est seulement contenue, et dans le concept d'un être souverainement parfait, la parfaite et nécessaire y est comprise ». — « Vous me mandez, écrit Descartes au père Mersenne, comme un axiome qui vienne de moi, que *tout ce que nous* concevons clairement *est ou existe*, ce qui n'est nullement de moi; mais seulement que tout ce que nous apercevons clairement est *vrai*, et ainsi qu'il *existe* si nous apercevons qu'il ne puisse ne pas exister; ou bien qu'il *peut* exister si nous apercevons que son existence est possible. » C'est donc seulement par l'intermédiaire du vrai que nous atteignons l'existence hors de nous; nous ne pouvons affirmer l'*existence* réelle d'un objet autre que nous que s'il est vrai qu'il est nécessaire, comme Dieu, ni son existence possible, que s'il est vrai qu'il est possible.

Descartes prévoit les objections de Kant : « Mais, dira-t-on, ma pensée n'impose aucune nécessité aux choses » ; il ne tient qu'à moi d' « imaginer un cheval ailé ». — C'est ici, répond Descartes, « c'est ici qu'il y a un sophisme caché ». De ce que, par exemple, « je ne puis concevoir une montagne sans une vallée, je ne puis conclure qu'il existe une montagne, mais seulement que la montagne et sa vallée — soit qu'il y en ait, soit qu'il n'y en ait point — sont inséparables l'une de l'autre ; au lieu que, de cela seul que je ne puis concevoir Dieu que comme existant, il s'ensuit que l'existence est inséparable de lui ». Donc, l'idée de perfection et l'idée d'existence étant inséparables dans ma pensée, et, d'autre part, l'être ne m'étant connu que par la pensée, si bien que « la pensée est une même chose avec l'être », je suis amené à conclure que la perfection et l'existence sont inséparables dans la réalité. L'idéalisme se change ainsi en réalisme en vertu du principe qui veut que, à des degrés divers, « dans toute idée il y ait de l'être ».

Ainsi présentée, l'analyse de l'idée de perfection n'est plus le sophisme classique où, d'un Dieu simplement conçu dans les prémisses, on prétendrait tirer par voie de conclusion un Dieu réellement existant, comme si, d'une statue simplement pensée, un sculpteur espérait tirer une tête et des bras réels. L' « existence » que Descartes conclut de l' « essence » divine est, comme cette essence, tout idéale ; il y a là deux idées indissolubles dans notre esprit, et c'est par la valeur objective attribuée à ces idées que l'existence idéale de Dieu est affirmée ensuite comme étant réelle.

On le voit, la célèbre preuve cartésienne est une

complète transfiguration du raisonnement de saint Anselme, grâce au vaste système d'idéalisme dont elle n'est qu'une application particulière. Si donc nous voulions discuter cette preuve, il faudrait critiquer la valeur objective des idées en général, et, en particulier, de l'idée du parfait. Que notre esprit trouve en cette idée sa satisfaction, on peut, encore aujourd'hui, l'accorder à Descartes; et si nous n'avions par ailleurs aucune raison de mettre en doute la réalité de la perfection, nous donnerions notre assentiment à l'idéal suprême de l'intelligence et de la volonté. Par malheur, le monde avec tous ses maux nous apparaît de plus en plus comme une raison de doute : c'est le grand scandale. D'autre part, la critique idéaliste de notre intelligence et de ses formes, dont Descartes eut le pressentiment, devait elle-même aboutir à nous faire comprendre que, dans nos spéculations sur l'infini, sur le parfait et sur l'existence absolue, nous dépassons nos limites. La preuve cartésienne est donc discutable comme « preuve ». Elle n'en demeure pas moins la plus haute expression de ce fait que, dans notre esprit, tout converge vers les deux idées d'existence absolue et d'existence parfaite : nous ne comprenons pas comment quelque chose de relatif peut exister s'il n'existe rien d'absolu, et nous ne comprenons pas davantage comment une existence absolue et, en conséquence, absolument indépendante, ne serait pas parfaite. Ainsi le type de l'existence et le type de l'essence tendent à s'unir en un seul et même foyer; mais il reste toujours à savoir si cet idéal de notre pensée existe ailleurs que dans notre pensée même. C'est l'éternel point d'interrogation auquel aboutit l'idéalisme. Nous ne conclurons pas, avec Kant, que « la preuve cartésienne, si vantée, perd entièrement sa peine »; nous ne répéterons point avec lui ces dures paroles : « On ne devient pas plus riche en connaissances avec de simples idées qu'un marchand ne le deviendrait en argent si, dans l'intention d'augmenter sa fortune, il ajoutait quelques zéros à son livre de caisse ». Descartes pourrait répliquer qu'un marchand devient riche avec des idées, quand il en a de bonnes, avec des chiffres, quand il sait les aligner dans l'ordre véritable, avec des zéros même, quand il sait les poser à leur place dans un calcul juste. Si l'idée de perfection introduisait un ordre intelligible dans toutes nos autres idées, si elle n'en rencontrait aucune qui fût incompatible avec elle, si surtout elle ne trouvait dans l'expérience rien qui se dressât devant elle comme une contradiction vivante, il ne suffirait pas de montrer que la perfection de la bonté est une « idée » pour l'empêcher d'être, dans le domaine de l'intelligence et de la moralité, notre suprême satisfaction et notre meilleure richesse.

II. — A l'analyse de l'idée du parfait, Descartes joint la preuve, également classique, de l'existence de Dieu par l'*origine* même de cette idée du parfait. Ici encore, il ne croit pas que notre pensée puisse dépasser la réalité. — Et les chimères? — Créer une chimère, ce n'est point dépasser le réel, mais simplement l'altérer; voilà pourquoi nous pouvons concevoir des chimères. Mais le suprême idéal de la perfection semble à Descartes impossible à imaginer si la réalité n'en fournit pas les éléments, ou plutôt l'élément. Or, à en croire Descartes, cet élément ne peut être notre simple puissance de perfectibilité, mais bien une perfection actuelle. Descartes se sert à ce sujet d'une comparaison ingénieuse et peu connue. Si on disait que chaque homme peut peindre un tableau aussi bien qu'Apelle « puisqu'il ne s'agit que de couleurs diversement appliquées, et que chacun peut les mêler en toutes sortes de manières », il faudrait répondre, selon Descartes, qu'en parlant de la peinture d'Apelle, on ne considère pas seulement un certain « mélange de couleurs », mais « l'art du peintre pour représenter certaines ressemblances des choses ». C'est cet art qui n'est point en chacun et qui, si un tableau existe, doit exister quelque part, chez l'auteur du tableau, si bien que toute la perfection de l'œuvre suppose une perfection encore plus éminente chez l'artiste. Notre idée de Dieu, pour Descartes, suppose de même, quelque part, une perfection véritable : par un simple mélange de nos idées, nous ne pourrions composer ce chef-d'œuvre de la pensée.

La discussion de cette seconde preuve, elle aussi, nous entraînerait trop loin. Disons seulement que l'idée de perfection n'a pas la « simplicité » et l'« unité » dont parle Descartes : la réalité peut donc nous en fournir les éléments. Elle est un composé de nos diverses facultés indéfiniment augmentées : science, puissance, bonheur. On peut même se demander si elle exprime autre chose qu'un point de vue tout humain, une simple satisfaction de nos aspirations humaines, un idéal de béatitude sensitive, intellectuelle et volontaire, par conséquent une de ces « causes finales » dont se défiait Descartes. La perfection, après tout, est une *fin*, elle est la *fin* même; c'est moins une « idée » qu'un objet de « désir », et n'est-ce pas Descartes lui-même qui nous a appris à ne pas mesurer la réalité à nos désirs ? Toutefois, quelques objections que l'on puisse faire ici, Descartes aura l'honneur d'avoir indiqué que la vraie raison spéculative de croire à l'existence de la perfection ne peut être, après tout, que l'idée même du parfait, jointe à la persuasion que « dans toute idée il y a de l'être ».

CHAPITRE V

L'EXISTENCE DE LA MATIÈRE

I. — Après que Descartes a établi l' « inébranlable », c'est-à-dire notre pensée et l'idée de l'être nécessaire, il ouvre sa dernière méditation par ces paroles d'un superbe idéalisme : « Il ne me reste plus maintenant qu'à examiner s'il y a des choses matérielles ! » La question peut surprendre ceux qui n'ont jamais réfléchi. Et cependant, pour la philosophie contemporaine comme pour Descartes, quel est le seul monde qui nous soit immédiatement donné ? — Un monde idéal, composé uniquement, comme dit Schopenhauer, de représentations dans notre tête. La « mathématique universelle », par l'ordre intelligible qu'elle y introduit, en fait un monde *vrai* ; mais, allant au delà, nous prétendons juger d'un monde *réel*, c'est-à-dire existant indépendamment de notre représentation. De quel droit ? Voilà ce que les modernes se demandent depuis Descartes. Dans la vie pratique, rien de plus simple, nous nous contentons de céder à l'instinct naturel, au penchant qui nous fait considérer le monde représenté en nous comme réel en soi. Descartes dédaigne ce « penchant » qui n'est pas une preuve. — Mais, dit-on, nos idées ne dépendent point de notre volonté ; elles doivent donc avoir une « cause » extérieure. — A cet argument classique, Descartes fait une très remarquable réponse : — Qui sait, demande-t-il, s'il n'y a point en nous la puissance de « produire » les idées des choses matérielles, sans l'aide d'aucune chose vraiment extérieure ? Il pourrait exister dans la spontanéité de notre conscience des profondeurs ignorées de notre réflexion, une puissance productive, une fécondité capable d'enfanter des idées ou croyances qui viendraient de notre nature même, non de quelque objet vraiment étranger et existant dans un espace réel. Nos idées sont peut-être comme les fleurs d'un arbre qui les produit de sa sève. Tout au moins les fleurs d'un arbre ne ressemblent-elles en rien à la terre, dont indirectement elles proviennent. Ainsi, ni le principe de causalité, ni le penchant instinctif à croire nos sens ne sont de vraies et suffisantes raisons. Par rapport « aux choses extérieures », nous demeurons jusqu'ici enfermés dans le « possible » et dans le « vrai », sans pouvoir atteindre leur réalité « hors de nous ». Pour franchir l'abîme qui sépare la « possibilité » de la « réalité », il nous faut l'intermédiaire de quelque « nécessité ». Or l'être nécessaire est Dieu ; c'est donc seulement, selon Descartes, sur l'idée de cet être nécessaire que nous pouvons fonder la réalité du monde extérieur.

Ainsi s'explique, selon nous, le célèbre paradoxe de Descartes sur l'existence de la matière déduite de l'existence de Dieu. L'existence divine est essentiellement vérité, ou plutôt elle est la « vérité vivante »; en se manifestant par son œuvre, qui est l'univers, elle devient « véracité ». Le monde visible est la parole que Dieu nous fait entendre, et cette parole, que prononce la vérité éternelle, doit être véridique. Le monde matériel est donc réel, et, si nous transposons les « signes » fournis par nos sens en vérités bien liées, comme sont les mathématiques et la mécanique, ces vérités acquerront du même coup une valeur « hors de nous ».

Au lieu d'interpréter cette doctrine dans son sens profond (comme on doit le faire pour toute doctrine) et de la soumettre ensuite à une discussion sérieuse, on s'est perdu, comme pour le *cogito*, dans des critiques scolastiques : on n'a vu que le cercle vicieux qui roule de la véracité de nos facultés à la véracité divine, de la véracité divine à la véracité de nos facultés. Mais Descartes n'avait point la prétention de sortir du domaine des « idées »; il voulait seulement, parmi les idées mêmes, trouver une idée supérieure qui apparût enfin comme le garant de toutes les autres, comme le fondement de notre affirmation d'un monde réel. Et il a cru la trouver dans l'idée de l'être qui seul existe par lui-même.

On voit l'ordonnance simple et grandiose de tout

ce système idéaliste, avec ses trois conceptions fondamentales : notre pensée, saisie comme réelle, une pensée suprême, conçue comme nécessaire et conséquemment réelle, enfin les objets pensés, conçus d'abord comme possibles et *vrais* autant que nous les pensons, puis comme certainement réels en vertu de l'unité suprême du vrai et du réel. C'est une sorte d'orbite parcourue, de révolution autour de soi qu'accomplit la pensée de Descartes; c'est un « cercle », si l'on veut, mais où toute pensée humaine est nécessairement enfermée, puisqu'elle ne peut que prendre conscience de ses idées, de leur ordre, enfin de leurs infranchissables limites.

II. — Si, dans la philosophie comme dans la science, il faut admirer ceux qui trouvent les solutions, plus grands encore sont les inventeurs des problèmes. Outre qu'on doit à Descartes plus d'une solution ou des éléments de solution qui sont de majeure importance, combien de problèmes nouveaux n'a-t-il pas introduits dans la philosophie, depuis la critique de la connaissance jusqu'à la question de la réalité de la matière! Comme nous venons de le voir et comme Schopenhauer l'a fort bien reconnu, « c'est Descartes qui, le premier, a saisi le principal problème autour duquel roulent depuis lors les études des philosophes, et que Kant a particulièrement approfondi : le problème de l'idéal et du réel, c'est-à-dire la question de distinguer ce qu'il y a de subjectif et ce qu'il y a d'objectif dans notre connaissance ». Quel rapport peut-il y avoir entre les images d'objets présents à notre esprit et des objets réels qui existeraient entièrement séparés de nous? Avons-nous la certitude que de pareils objets existent réellement? Et, dans ce cas, leurs images nous éclairent-elles sur leur constitution? « Voilà le problème, dit Schopenhauer, et depuis deux cents ans qu'il a été posé, la tâche principale des philosophes est de distinguer nettement, par un plan de séparation bien orienté, l'idéal du réel, c'est-à-dire ce qui appartient uniquement à notre connaissance comme telle, de ce qui existe indépendamment d'elle, et d'établir ainsi leur rapport réciproque. »

Outre que Descartes a ainsi posé le problème de la « critique », il en a donné, d'une manière générale, la vraie solution : la seule réalité immédiatement saisie est celle de notre conscience, de notre pensée; ce qui est conforme aux lois de cette pensée est *vrai*, et c'est seulement à travers le vrai que nous saisissons avec certitude les *réalités* autres que nous. De plus, en nous-mêmes, le fond de l'être est volonté, le principe ultime de l'existence doit donc être aussi volonté.

Le second mérite de Descartes, en philosophie, est d'avoir montré que la pensée est irréductible au simple mouvement dans l'étendue. Bien des savants l'oublient encore de nos jours. Descartes leur répond d'avance : « Dire que les pensées ne sont que les mouvements du corps, c'est chose aussi vraisemblable que de dire : le feu est glace, ou le blanc est noir. » Descartes a ainsi déterminé à la fois et l'immense domaine du mécanisme et sa limite infranchissable : la conscience.

Son troisième mérite, c'est d'avoir commencé, mais sans la pousser jusqu'au bout, l'opération inverse, je veux dire la réduction du monde mécanique aux éléments du monde de la conscience. Par là surtout, il nous a paru le grand initiateur de l'idéalisme moderne, mais il lui a donné une forme trop intellectualiste. Quoiqu'il ait placé le fond de l'existence dans la volonté même, il a trop conçu le monde extérieur « comme représentation », pas assez « comme volonté ».

Dans ses derniers ouvrages, Descartes semble flotter entre ces deux pensées : la matière est une substance, la matière n'est qu'une abstraction. C'est la seconde, aujourd'hui reconnue pour vraie, qui est la plus conforme à l'esprit de son système. Pour Descartes, les faits naturels et les êtres matériels ne peuvent être autre chose que des composés de lois et de propriétés mathématiques; ce sont des entre-croisements du nombre, du temps, de l'étendue et du mouvement. Sa physique est, comme on l'a dit, un écoulement de sa métaphysique, qui elle-même, en ce qui concerne le monde matériel, n'est autre chose que la pure mathématique. Aussi avons-nous vu le monde extérieur, chez Descartes, se résoudre en idées. L'étendue est d'essence idéale, et il ne faut pas grand effort pour la réduire à une idée pure. « Plusieurs excellents esprits croient voir clairement que l'étendue mathématique, laquelle je pose pour le principe de ma métaphysique, n'est rien autre chose que ma pensée, et qu'elle n'a ni ne peut avoir aucune existence hors de mon esprit. » Voilà Descartes au pied du mur; comment va-t-il répondre? Réclamera-t-il pour l'étendue une réalité absolument indépendante? Non; il s'échappe, il prend même si bien son parti de l'objection, qu'il finit par s'en faire un sujet de félicitation pour lui-même : « J'ai bien de quoi me consoler, pour ce qu'on joint ici ma métaphysique avec les pures mathématiques, auxquelles je souhaite surtout qu'elle ressemble. » Elle leur ressemble tellement, qu'elle s'y évanouit; et les mathématiques, à leur tour, s'évanouissent dans la pensée, car qui détermine le nombre, sinon la pensée? Qui conçoit le temps, sinon la pensée? Qui, enfin, imagine ce grand trou vide et noir qu'on nomme l'espace, sinon encore la pensée? La matière, n'étant que l'étendue, devient elle-même, non pas l'esprit sans doute, mais une essence idéale qui dépend, au dehors de nous, de l'esprit suprême, en nous, de notre esprit, où « son idée est innée ». La figure et le mouvement tendent à s'évanouir dans des relations entre des idées claires et distinctes qui, elles aussi, « sont naturellement en nous ». Nous portons donc en nous-mêmes, ou plutôt nous tirons de nous-mêmes le monde vrai, le monde de la science, qui est un système d'idées. On a fort bien dit que l'univers de Descartes est un « univers de cristal » : il faut que tout en soit diaphane, que de partout il y fasse jour pour la pensée, que tout enfin s'y réduise, autant qu'il est possible, à la pensée même.

Mais, si c'est bien là le monde *vrai*, ce n'est pas le monde *réel*. La réalité des êtres extérieurs, Descartes a fini par la concentrer toute dans une « volonté » unique, celle de Dieu. Il eût dû répandre partout dans l'univers des volontés plus ou moins analogues à la nôtre et ayant en elles le germe de la « pensée ». C'est à cette conception élargie que tend l'idéalisme contemporain, qui rend ainsi la vie à la matière, tout en supprimant la vieille notion d'une substance matérielle. Le sujet pensant, au moyen des « idées », ne peut faire que concentrer en soi ce qui est diffus dans l'objet pensé; si donc l'intelligence comprend et aime la nature, c'est que la nature, universellement intelligible, est aussi universellement capable d'intelligence et de sentiment; sa constitution, au lieu d'être exclusivement mécanique — ainsi que Descartes l'a soutenu, — a encore un côté mental : elle est sensitive comme la nôtre, puisque notre cerveau sentant et pensant est une de ses parties. Ce qui est en nous l'objet d'une conscience claire et d'une volonté clairvoyante est déjà en elle à l'état de rêve et d'aveugle aspiration. Le sommeil d'Endymion, c'est la nature endormie; Diane qui la contemple et l'éclaire d'un rayon, c'est la pensée, amoureuse de ce qui ne pense pas encore, de ce qui a les yeux fermés, mais peut les ouvrir à l'universelle lumière.

LIVRE III

LA PSYCHOLOGIE ET LA MORALE DE DESCARTES

CHAPITRE I

PSYCHOLOGIE DE DESCARTES

On s'est souvent demandé, tout en déplorant la mort prématurée de Descartes à cinquante-trois ans, si par une vie plus longue il aurait beaucoup ajouté à ses chefs-d'œuvre. Sa pensée, dit-on, n'était-elle pas déjà fixée pour jamais? sa confiance en l'infaillibilité de sa méthode n'était-elle pas inébranlable? Il avait une aussi belle obstination dans ses idées que s'il eût été le « Breton » le plus bretonnant. Voulut-il jamais changer une ligne à ce qu'il avait écrit? S'il avait vécu, ajoute-t-on, il se serait probablement contenté de faire des découvertes nouvelles dans les mathématiques, la physique et la médecine. — On oublie la morale. Si nous voulions, nous aussi, nous lancer dans les hypothèses, nous croyons que Descartes n'aurait pu résister au désir d'édifier une théorie de l'homme et de la conduite. C'était la préoccupation qui, après sa mort, devait aller dominant chez ses grands disciples, comme Spinoza, et qui allait aboutir à une nouvelle doctrine de la vie, à une *éthique.*

Chez Descartes même nous voyons s'accroître, avec les années, le souci des questions psychologiques et morales, qui contraste avec ses premières préoccupations, d'abord scientifiques, puis toutes métaphysiques. Victor Cousin, Jouffroy et Saisset nous ont représenté Descartes comme « un homme qui passe sa vie à observer *en lui-même* le travail de la pensée, le jeu des passions, etc. ». Mais Descartes, nous l'avons vu, passa la plus grande partie de sa vie à observer les hommes de toutes les nations et de tous les pays, à épier les phénomènes curieux de la nature, à poursuivre des découvertes de mathématiques, à résoudre les innombrables problèmes que lui envoyaient le père Mersenne et les autres mathématiciens du temps, à faire des expériences de chimie, à disséquer et « anatomiser » des animaux, dont il montrait à ses amis les cadavres et squelettes en disant : « Voilà ma bibliothèque ». Et quand il se repliait sur lui-même, ce n'était point pour y étudier ce que son disciple Spinoza appelait avec dédain les historioles de l'âme, c'était pour y chercher le point de coïncidence entre la réalité et la pensée ; ce point, il le trouvait dans deux idées : celle du moi et celle de l'être parfait, qui ont le privilège, selon lui, de nous faire toucher à la fois l'idéal et le réel. Cependant la psychologie, à la fois métaphysique et scientifique, attirait de plus en plus l'esprit de Descartes. C'est ce qui lui fit, en 1646, composer son *Traité des passions de l'âme*. Il atteignait d'ailleurs l'âge où ces problèmes préoccupent davantage; il était « fatigué de la géométrie », il croyait avoir épuisé la métaphysique; il songeait surtout à écrire sur l'homme. Toute grande doctrine aboutit toujours à la pratique, et, nous le savons, Descartes lui-même avait le souci des applications autant que des spéculations; c'est un des traits caractéristiques de son génie.

La psychologie de Descartes n'est point celle des Écossais ni des éclectiques, c'est la psychologie physiologique de notre époque, dont on peut le considérer comme le fondateur. Pour Descartes, il n'y a pas de psychologie détachée, qui serait indépendante de la métaphysique d'une part, de la physiologie de l'autre. Étudiez-vous les faits particuliers et les lois particulières de la vie intérieure, les passions et les émotions, tout ce qui provient de ce que l'esprit est uni à la matière et « ne fait qu'un avec elle », alors les mouvements de l'organisme rendront compte de ce qui, dans nos états internes, peut devenir l'objet d'une vraie science. Étudiez-vous la pensée et ses lois radicales, ce que Descartes appelle les « principes de la connaissance humaine », identiques aux principes de l'existence telle que nous pouvons la saisir; alors vous êtes en pleine métaphysique. De même, lorsque vous étudiez la volonté libre, avec sa puissance « infinie » en Dieu et même chez l'homme. Les phénomènes de la nature humaine sont donc, pour Descartes, ou tout intellectuels et métaphysiques, ou tout corporels et mécaniques. Ou plutôt, ils sont toujours à la fois une série de « pensées » et une série de « mouvements ».

On peut considérer le *Traité des passions de l'âme* comme le premier modèle de la psychologie scientifique aujourd'hui en honneur. La physiologie, en effet, n'y tient pas moins de place que la psychologie même. La théorie de l'association ou liaison des idées, expliquée par la liaison des traces du cerveau et par le mécanisme de l'habitude, se trouve esquissée dans Descartes, très développée chez Malebranche et Spinoza; si bien que cette théorie prétendue anglaise est encore cartésienne. Mais, chez Descartes, tout tend à cette forme déductive que Spinoza devait, dans son *Ethique*, adopter en l'exagérant. Spinoza fera la géométrie des passions, Descartes en fait la physiologie.

Supposez, dit Descartes, un pur esprit, comme celui d'un ange, dans un corps humain, mais conservant son caractère « d'âme *distincte* », il n'aurait pas « les sentiments tels que nous; mais il percevrait seulement les mouvements causés par les objets extérieurs; et par là il serait différent d'un véritable homme ». Nos sentiments et nos sensations sont donc les représentations obscures des mouvements utiles ou nuisibles à la vie et tiennent à ce que nous ne sommes pas des intelligences « distinctes ». La passion proprement dite ou émotion est un état de conscience confus, « une pensée confuse », excitée « par le mouvement des nerfs » et qui a pour résultat, remarque ingénieusement Descartes, de « disposer l'esprit à cette autre pensée plus claire en laquelle consiste l'amour raisonnable ». Qu'est-ce, par exemple, que le sentiment de la soif, produit par la sécheresse de la gorge? C'est un état concret de la conscience, « une pensée confuse qui dispose au désir de boire, mais qui n'est pas ce désir même ». Pareillement, dans l'amour, « on sent je ne sais quelle chaleur autour du cœur », qui fait qu' « on ouvre même les bras comme pour embrasser quelque chose », mais ce sentiment de chaleur n'est point encore l'union de volonté avec l'être aimé; « aussi arrive-t-il quelquefois que le sentiment ou la passion de l'amour se trouve en nous sans que notre volonté se porte à rien aimer, à cause que nous ne rencontrons point d'objet que nous pensions en être digne ». Il faut donc toujours, selon Descartes, distinguer l'élément physique des passions, qui se retrouve jusque chez les animaux et, par conséquent, n'est qu'un mécanisme nerveux, d'avec l'élément intellectuel, qui n'existe que chez un être pensant. Théorie originale et profonde, qui contient en germe bien des vérités aujourd'hui reconnues. Descartes anticipe les recherches de Darwin sur l'expression des émotions. De plus, il comprend ce que bien des psychologues contemporains méconnaissent encore : que ce qui nous semble l' « expression » de nos passions est, en grande partie, un élément intégrant et constitutif de ces passions mêmes. La peur, par exemple, en tant que *passion*, n'est point constituée par ce raisonnement intellectuel : — Voici une bête nuisible, donc je fuis. — Elle est constituée par la conscience même des mouvements automatiques et réflexes que provoque, « sans notre volonté », l'image de l'objet terrible surgissant dans le cerveau. Avoir peur, c'est percevoir confusément la tempête cérébrale et nerveuse qui aboutit mécaniquement aux mouvements des jambes ; avoir peur, c'est se sentir entraîné mécaniquement à fuir. A l'automatisme, selon Descartes, il appartient de commencer, indépendamment de notre volonté, tous les mouvements utiles à notre conservation, et de les propager dans les muscles par une « ondulation réflexe ». Aussi notre volonté ne peut-elle agir directement sur nos passions et émotions : le changement qu'elle désire n'a lieu, dit Descartes, que si « la nature ou l'habitude a joint tel mouvement à telle pensée ». De même, ajoute Descartes, essayez de dilater ou de contracter votre pupille, vous n'y parviendrez pas : car « la nature a joint ce mouvement non à la volonté de dilater ou contracter, mais à la volonté de regarder des objets distants ou rapprochés ». Nous sommes donc obligés d'agir indirectement sur nos passions, en évoquant des images contraires à celle dont nous voulons refréner les effets ; nous contre-balançons une pensée par une autre pensée, une passion par une autre passion. Toutes vérités confirmées par la psychologie contemporaine.

Non moins remarquables sont et la classification et l'analyse des diverses passions de l'âme. On sait que Descartes ramène tout à six passions primitives : l'étonnement, l'amour, la haine, le désir, la joie et la tristesse. L'étonnement est, pour ainsi dire, une passion préliminaire qui devance toutes les autres, parce qu'elle est l'espèce de choc nerveux et intellectuel produit par un objet nouveau, avant même que nous connaissions ce que cet objet a d'avantageux ou de nuisible et que nous puissions ainsi l'avoir en amour ou en aversion. On n'a guère compris ce qu'il y a de vérité dans cette théorie de Descartes sur l'étonnement ; ne rappelle-t-elle pas, cependant, les doctrines des psychologues contemporains ? Ceux-ci, avec Spencer, considèrent le choc nerveux comme le phénomène fondamental du côté physiologique, ils considèrent le sentiment de la différence ou de la *nouveauté*, par conséquent l' « étonnement », comme le corrélatif mental du choc nerveux. C'est donner raison à Descartes. L'étonnement est, pour ainsi dire, la passion de l'intelligence ; les cinq autres passions sont plutôt celles de la volonté, puisqu'elles dérivent de ce que l'objet nouveau qui nous a plus ou moins surpris « se trouve être bon ou mauvais pour nous ». Dans cette nouvelle catégorie de passions, c'est, selon Descartes, l'amour qui est primordial; la haine n'est qu'un amour se dirigeant à l'opposé d'un obstacle; le désir est l'amour de ce que nous ne possédons pas encore; la joie et la tristesse sont les sentiments causés par la présence ou par l'absence de l'objet aimé. Otez l'amour, dira Bossuet, vous ôtez toutes les passions; posez l'amour, vous les faites naître toutes. Et c'est encore ce que confirme la psychologie contemporaine.

En se combinant, les passions primitives produisent en effet toutes les autres. Descartes excelle à l'analyse de ces combinaisons subtiles et à l'explication des cas les plus embarrassants. Pourquoi, par exemple, trouvons-nous du plaisir jusque dans la fatigue des jeux où il faut de la force et de l'adresse, jusque dans les larmes versées à la vue de quelque grand malheur représenté sur la scène? — L'âme se plaît, répond Descartes, « à sentir émouvoir en soi des passions, de quelque nature qu'elles soient, *pourvu qu'elle en demeure maîtresse* ». Si nous lisons des « aventures étranges dans un livre », nous éprouvons tantôt de la tristesse, tantôt de la joie, de l'amour, de la haine, « et généralement toutes les passions, selon la diversité des objets qui s'offrent à notre imagination »; et pourquoi avons-nous du plaisir « à les sentir exciter en nous », même les plus tristes? C'est, dit Descartes, que « ce plaisir est une joie intellectuelle qui peut aussi bien naître de la tristesse que de toutes les autres passions ». Il y a donc, jusque dans les émotions qui dépendent de quelque mouvement des nerfs, un exercice de la *volonté* qui sent sa maîtrise et une émotion de nature *intellectuelle*, « qui n'est excitée en l'âme que par l'âme même ». L'élément volontaire et l'élément intellectuel des passions sont ainsi mis en lumière. Rappelons encore tant de pages fines et piquantes sur l'humilité vertueuse et vicieuse, sur la bonne et la mauvaise jalousie, sur la moquerie, qui est la revanche des plus imparfaits, « désirant voir tous les autres aussi disgraciés qu'eux, et bien aise des maux qui leur arrivent »; sur cette raillerie modeste qui, au contraire, reprend utilement les vices en les faisant paraître ridicules, mais « sans témoigner aucune haine contre les personnes » : ce n'est plus alors une passion, « mais une qualité d'honnête homme, laquelle fait paraître la gaîté de son humeur et la tranquillité de son âme ». Non moins que Molière et La Bruyère, Descartes malmène les faux dévots qui, « sous ombre qu'ils vont souvent à l'église, qu'ils récitent force prières, qu'ils portent les cheveux courts, qu'ils jeûnent, qu'ils donnent l'aumône, pensent être entièrement parfaits, et s'imaginent qu'ils sont si grands amis de Dieu qu'ils ne sauraient rien faire qui lui déplaise ». Puis, flétrissant avec courage le fanatisme religieux de son temps, Descartes ajoute : « Tout ce que leur dicte leur passion est un bon zèle, bien qu'elle leur dicte quelquefois les plus grands crimes qui puissent être commis par des hommes, comme de trahir des villes, de tuer des princes, d'exterminer des peuples entiers pour cela seul qu'ils ne suivent pas leur opinion ».

C'est dans le bon usage des passions que Descartes met « toute la douceur et toute la félicité de cette vie ». En les examinant, il les trouve presque toutes « bonnes de leur nature », sauf la lâcheté et la peur. Pour celles-ci, il a « bien de la peine à en deviner l'utilité » — ce qui lui fait honneur. L'âme « peut avoir ses plaisirs à part, mais pour ceux qui lui sont communs avec le corps, ils dépendent entièrement des passions ». — « Notre âme, écrit-il encore à Chanut, n'aurait pas sujet de vouloir demeurer jointe à son corps un seul moment, si elle ne pouvait les ressentir »; mieux vaudrait être un pur esprit. Nous n'avons donc à éviter que « leur mauvais usage et leurs excès ».

Telle est cette théorie des passions qui les ramène à un sentiment confus des mouvements de l'organisme, provoquant, d'une part, l'éveil de l'étonnement intellectuel et, d'autre part, l'éveil de l'amour volontaire. On conviendra que cette doctrine offre encore une riche matière aux méditations de nos contemporains.

La psychologie de Descartes, avec ses deux aspects métaphysique et physiologique, exerça une évidente influence sur celle de Malebranche, de Spinoza, de Bossuet même, qui joignirent toujours la considération des organes à celle de l'esprit. Elle contribua aussi, pour une certaine part, à accroître le goût de l'analyse psychologique qui devait caractériser le siècle de Louis XIV.

CHAPITRE II

MORALE DE DESCARTES

I. — L'influence du cartésianisme en morale fut beaucoup plus grande qu'il ne le semble au premier abord. Il est de mode d'attribuer peu d'importance à la morale de Descartes. On croit qu'il s'en est tenu à sa « morale de provision », ou que, pour l'enrichir, il a emprunté aux anciens quelques maximes.

Un critique éminent a dit qu' « il n'y a pas de morale cartésienne »; ou, si l'on veut qu'il y en ait une, « ce sera, dit M. Brunetière, la morale de Montaigne, celle des sceptiques de tous les temps et de toutes les écoles : vivons comme nous voyons qu'on vit autour de nous, et ne nous mêlons pas de réformer le monde.... On dirait en vérité que toutes les questions qui regardent la conduite n'ont pas d'importance à ses yeux. » Nous ne saurions nous ranger à cette opinion. Descartes nous dit, il est vrai, qu'il avait coutume de « refuser d'écrire ses pensées sur la morale, parce qu'il n'y a point de matière d'où les malins puissent plus aisément tirer des prétextes pour calomnier ». Le presse-t-on d'aborder enfin la théorie des mœurs, il se dérobe le plus souvent. Il allègue l' « animosité des régents et des théologiens ». On l'a tant blâmé, dit-il, « pour ses innocents principes de physique »! que serait-ce donc « s'il allait s'occuper de morale »? Il mène d'ailleurs « une vie retirée »; son « éloignement des affaires le rend incompétent ». Aussi laisse-t-il la morale publique « aux souverains et à leurs représentants autorisés ». Il n'en est pas moins vrai que, sans écrire de traité, Descartes a indiqué avec précision sa doctrine de la vie. Et si cette doctrine eût été tellement banale, se serait-il fait prier à ce point pour la laisser entrevoir?

On s'en rapporte là-dessus à ce jugement malveillant de son rival Leibniz : « Sa morale est un composé des sentiments des stoïciens et des épicuriens, ce qui n'est pas fort difficile, car déjà Sénèque les conciliait fort bien ». On verra tout à l'heure l'injustice de cette appréciation sommaire. Les historiens de la philosophie s'étant dispensés de reconstruire la morale de Descartes, nous essaierons cette reconstruction, d'un haut intérêt historique et philosophique. Les lettres à la princesse Élisabeth et à Chanut sur la morale sont d'une plénitude et d'une profondeur qui nous rappellera Pascal. Leibniz n'y a voulu voir qu'un commentaire de Sénèque et d'Épictète, parce que Descartes y apprécie ces deux moralistes; mais, en réalité, c'est toute la morale de

Spinoza que Descartes esquisse d'avance, surtout dans sa lettre à Chanut sur l'amour. Sans compter que la morale de Leibniz — elle-même si peu développée — s'y retrouve tout entière, avec quelque chose de plus et de mieux.

Ce qui frappe tout d'abord chez Descartes et ce qui est de grande conséquence, c'est la complète séparation d'avec la théologie révélée, dans cette partie même de la philosophie qui aboutit à la pratique. Console-t-il ses amis sur la perte de leurs proches et sur les autres misères de la vie, ou discute-t-il avec eux les principes abstraits de la morale, il s'en tient toujours « à la lumière naturelle », sans rejeter la foi assurément, mais sans jamais la confondre avec la raison. Par là, tout d'abord, il préparait une véritable révolution en morale.

Sa doctrine de la vie se divise en deux parties : l'une qui n'est que le premier degré ou, comme il disait, la première « provision » du philosophe : c'est cette sagesse moyenne dont, en attendant mieux, il s'était contenté dans le *Discours de la méthode*, sagesse qui est d'ailleurs presque tout pour la plupart des hommes, parce qu'ils vivent surtout de la vie sensible. Pour ceux-là, la morale se confond en grande partie avec l'hygiène et la médecine. « L'esprit dépend si fort du tempérament et des organes du corps, que, s'il est possible de trouver quelque moyen qui rende *communément* les hommes plus sages et plus habiles qu'ils n'ont été jusqu'ici, je crois que c'est dans la médecine qu'on doit le chercher. » Cet adage de Descartes n'est point pour déplaire aux naturalistes de notre temps. Mais c'est sur la métaphysique et sur la physique même, considérée comme science des lois du monde entier, que Descartes fonde « la plus haute et la plus parfaite morale » : celle du sage qui ne marche plus « à tâtons dans les ténèbres », qui n'est plus réduit à chercher en tout le juste milieu. Connaissant les principes des choses et surtout le premier principe, le sage se propose de vivre en conformité et avec les lois de l'univers et avec la volonté d'où est sorti l'univers même. « La plus haute et la plus parfaite morale, présupposant une entière connaissance des autres sciences, est le dernier degré de la sagesse. » Descartes écrit à Chanut que « le moyen le plus assuré pour savoir comment nous devons vivre est de connaître auparavant quels nous sommes, quel est le monde dans lequel nous vivons, et qui est le créateur de cet univers que nous habitons ». Le souverain bien, « considéré par la raison naturelle », n'est en effet que « la connaissance de la vérité par ses premières causes, c'est-à-dire la sagesse, dont la philosophie est l'étude ». Aussi est-ce proprement « avoir les yeux fermés, sans tâcher jamais de les ouvrir, que de vivre sans philosopher ». L'étude de la philosophie « est plus nécessaire pour régler nos mœurs et nous conduire en cette vie que n'est l'usage de nos yeux pour guider nos pas ». Chaque nation est « d'autant plus civilisée et policée que les hommes y philosophent mieux, et ainsi c'est le plus grand bien qui puisse être dans un État que d'avoir de vrais philosophes » (Épître dédicatoire des *Principes*). Ne croyez-vous pas entendre d'avance les philosophes du XVIIIe siècle?

La théorie de la volonté et de son rapport avec le jugement, capitale pour l'éthique, est une des plus originales de Descartes. D'abord, elle n'est pas purement intellectualiste, comme chez Leibniz. Sans doute Descartes a dit dans le *Discours de la méthode* : « Notre volonté ne se portant à suivre et à fuir aucune chose que selon que notre entendement nous la représente bonne ou mauvaise, il suffit de bien juger pour bien faire, et de juger le mieux qu'on puisse pour faire aussi tout de son mieux, c'est-à-dire pour acquérir toutes les vertus.... » Et sur la foi de ces paroles, où l'action de l'intelligence est exagérée, on a voulu faire de Descartes un pur socratique. C'est oublier que, pour Descartes, le jugement même est volontaire : il est notre puissance « infinie » de vouloir, de désirer et d'agir, se fixant dans une affirmation qui, une fois produite, entraîne l'action conforme. Pour juger, il faut faire « attention », résister à la fantasmagorie interne des images qui passent devant l'esprit, dégager les rapports intelligibles et l'ordre vrai des idées, créer ainsi la vérité en soi, et, du même coup, le bien. Or, « l'homme pouvant n'avoir pas toujours une parfaite attention aux choses qu'il doit faire, c'est une bonne action que de l'avoir, et de faire par son moyen que notre volonté suive si fort la lumière de notre entendement qu'elle ne soit plus du tout indifférente ».

Cette doctrine, qui rapproche « le jugement » de la « volonté », l'affirmation du « désir », la négation de la « crainte », a son côté vrai, que la philosophie contemporaine a confirmé. Juger, ce n'est pas rester passif sous l'action du dehors, c'est commencer à réagir par des mouvements qui sont les uns dans le sens de l'objet, les autres à l'opposé. Descartes a donc raison de dire : « L'intellection est proprement la passion de l'âme, et l'acte de la volonté son action. Mais, comme nous ne saurions vouloir une chose sans la comprendre en même temps, et que nous ne saurions presque rien comprendre sans vouloir en même temps quelque chose, cela fait que nous ne distingnons pas facilement en elle la passion et l'action. » Descartes a aussi fort bien vu que nous prononçons souvent des affirmations et que nous commençons souvent des actes sans que paroles et actes aient leurs raisons suffisantes dans une vraie connaissance de choses. Paroles et actes ne sont pas de l'intellection ; ils sont déterminés à la fois par ce que nous comprenons et par l'ensemble de toutes nos tendances innées ou acquises, en d'autres termes par notre intelligence et par notre volonté. Souvent même nous sommes obligés d'agir sans bien savoir comment il faudrait agir. « Comme il n'est pas nécessaire, pour faire un jugement tel quel, que nous ayons une connaissance entière et parfaite, de là vient que, très souvent, nous donnons notre consentement à des choses dont nous n'avons jamais eu qu'une connaissance confuse. » Les bornes de notre vision intellectuelle ne sont pas toujours les bornes de notre affirmation active. De là ces inductions précipitées, ces générations hâtives, ces passages brusques de l'apparence à la réalité, en un mot de ce qu'on voit à ce qu'on ne voit pas. Mais, dira-t-on, si le jugement est « volontaire », toutes nos erreurs intellectuelles sont donc des fautes morales? Non, répond Descartes. Pour que l'erreur fût toujours une faute morale, il faudrait que l'homme eût l'intention d'errer et prît l'erreur pour fin de sa volonté même. Or, « personne n'a la volonté de se tromper ». Par exemple, de ce qu'une chose est arrivée trois ou quatre fois, je conclus précipitamment qu'elle arrive toujours : je n'ai pas fait cette conclusion par amour de l'erreur ; néanmoins je l'ai faite volontairement en ce sens que rien d'intellectuel ne me contraignait à affirmer si vite, et si j'avais voulu contenir mon élan, ma vitesse acquise, je n'aurais point dépassé dans ma conclusion les prémisses fournies par mon intelligence. Mais, s'il y a volonté et réaction motrice dans tout jugement que nous formulons en paroles intérieures ou en commencements d'actes, il n'y a pas pour cela liberté d'indifférence.

Notre pouvoir de mal faire a son origine, selon Descartes, non pas dans l'essence de la liberté, car la liberté n'entraîne pas nécessairement le pouvoir de faillir ; mais dans l'imperfection de notre liberté, qui est mêlée d'indifférence. Et cette indifférence, à son tour, provient de l'imperfection de l'entendement. La faute, sans être une pure ignorance, comme le croyait Socrate, a donc, selon Descartes, l'ignorance comme condition. « Je ne crois point que, pour mal faire, il soit besoin de voir clairement que ce que nous faisons est mauvais; il suffit de le voir confusément, ou seulement de *se souvenir* qu'autrefois on a jugé que cela l'était, sans le *voir* en aucune façon, c'est-à-dire sans faire attention aux raisons qui le prouvent; car, si nous le voyions clairement, il nous serait impossible de pécher pendant le temps que nous le verrions de cette sorte; c'est pourquoi on dit que : *omnis peccans est ignorans*. » La morale consiste donc à passer de l'indétermination primitive, qui est le plus bas degré du vouloir, à cette détermination du vouloir par l'intelligence qui est la vraie liberté : car, d'une « grande lumière dans l'entendement » suit une « grande inclination dans la volonté ».

Cette théorie se rattache à la doctrine entière de Descartes sur le monde comme volonté et représentation. Descartes concevait l'être comme consistant dans l'intime unité de l' « existence » et de l' « essence »; de plus, il plaçait l'existence dans la « puissance » de détermination, l'essence dans la détermination actuelle. En Dieu et dans les esprits, la puissance de détermination prend le nom de volonté, au sens propre de ce mot; la détermination consciente de soi prend le nom d'intelligence. Enfin le caractère de la puissance volontaire lui paraissait être, même chez l'homme, l'infinité; l'intelligence, et les idées lui semblaient au contraire quelque chose d'essentiellement défini qui, parfait en Dieu, demeure imparfait et fini chez l'homme. L'existence parfaite, où « l'existence et l'essence ne font qu'un », est par cela même l'absolue unité de la volonté et de l'intelligence. L'une y est adéquate à l'autre, sans qu'on doive « concevoir aucune préférence ou priorité entre l'entendement de Dieu et sa volonté ». Cette parfaite unité du connaître et du vouloir est, aux yeux de Descartes, la parfaite « liberté », puisque rien d'extérieur n'impose aucune limite ni au vouloir divin ni à la divine intelligence. La liberté suprême est donc l'identité éternelle de la parfaite puissance d'indétermination et de la parfaite détermination. En nous, la volonté seule est infinie, en ce sens qu'elle peut, dit Descartes, « se porter à tout », vouloir tout « sans que nous sentions qu'aucune force extérieure nous y contraigne »; mais notre intelligence finie n'est point égale ou adéquate à notre volonté. Il en résulte qu'une foule de degrés sont possibles dans notre développement à la fois volontaire et intellectuel, par conséquent dans notre moralité. Au premier degré, notre puissance infinie de vouloir n'étant éclairée que très imparfaitement par une intelligence encore très ignorante, nous avons la liberté d'indifférence, « qui est le plus bas degré de la liberté », et aussi de la moralité. A l'autre extrémité de l'échelle, nous nous rapprochons de l'idéal réalisé en Dieu; supposez que notre connaissance du bien et du mal fût parfaite, notre volonté serait infailliblement déterminée au vrai et au bien. « Afin que je sois libre, dit Descartes, il n'est pas nécessaire que je sois indifférent à choisir l'un ou l'autre des deux contraires; mais plutôt, d'autant plus que je penche vers l'un, comme quand je connais évidemment que le bien et le vrai s'y rencontrent, d'autant plus librement j'en fais choix et je l'embrasse.... Si je connaissais toujours clairement ce qui est vrai et ce qui est bon, je ne serais jamais en peine de délibérer quel jugement et quel choix je devrais faire; et ainsi je serais entièrement libre sans être jamais indifférent. » La vraie liberté morale est donc identique à la sagesse. La volonté n'y dépend plus que de l'intelligence, et l'intelligence que de la vérité. Demander une plus haute liberté pour l'homme, c'est, selon Descartes, demander l'impossible. La liberté divine, elle, fait la vérité même en la voulant; nous, nous ne pouvons que trouver la vérité toute faite et la vouloir. Notre liberté ne consiste pas à faire la vérité, mais à la faire nôtre en l'acceptant.

Cette théorie est sans doute un souvenir des doctrines platonicienne et stoïcienne d'une part, des doctrines chrétiennes et du scotisme de l'autre; mais elle est en même temps un effort personnel de haute valeur pour concilier l'indéterminisme et le déterminisme. De nos jours même, on comprend que l'intelligence ne doit pas être absolument primitive; on admet avec Kant, Schelling et Schopenhauer « la primordialité du vouloir »; on tend donc à se diriger dans le même sens que Descartes. De plus, on comprend que la vraie liberté n'est pas dans le libre arbitre d'indifférence, mais dans la détermination du vouloir par le suprême idéal.

II. — A cette théorie de la volonté se rattache celle du bien. Dans la puissance infinie du vouloir réside, selon Descartes, notre vraie grandeur; le bien n'est donc autre que la rectitude de la volonté ou la « bonne volonté ». — « Le souverain bien de chacun en particulier ne consiste qu'en une ferme volonté de bien faire et au consentement qu'elle produit. Dont la raison est que je ne remarque aucun autre bien qui me semble si grand ni qui soit entièrement au pouvoir de chacun. » Descartes interprète ainsi en son sens profond la grande distinction stoïcienne entre ce qui dépend de nous et ce qui ne dépend pas de nous, entre les biens de la volonté, qui sont seuls des biens, et les avantages extérieurs, qui n'ont pas un caractère de vraie moralité. « Un petit vase, dit Descartes, peut être aussi plein qu'un grand, encore qu'il contienne moins de liqueur; ainsi le plus disgracié de la fortune ou de la nature peut être rempli par le contentement du vrai bien. »

Mais cette doctrine stoïcienne n'est encore que préliminaire. Dans une de ses lettres à Élisabeth, Descartes déclare que, laissant là Sénèque, il va établir les idées directrices de sa propre morale. Ces idées sont au nombre de quatre. D'abord celle de l'être parfait, qui est « le véritable objet de l'amour » ; puis l'idée de notre « esprit », dont la nature, distincte du corps et « plus noble », nous commande de nous détacher des choses corporelles; en troisième lieu, l'idée du « monde infini », qui nous détache de la terre même, en nous empêchant de croire que « tous les cieux ne sont faits que pour le service de la terre ou la terre que pour l'homme » ; la pensée de l'infini supprime ainsi, avec les fausses notions de causes finales, cette « présomption impertinente » par laquelle « on veut être du conseil de Dieu et prendre avec lui la charge de conduire le monde ». Enfin, la quatrième idée directrice de nos actes est la considération de notre rapport à la société universelle et au monde entier. Bien que chacun de nous soit « une personne séparée des autres, et dont par conséquent les intérêts sont en quelque façon distincts de ceux du reste du monde », il faut toutefois penser qu' « on ne saurait subsister seul, et que l'on est en effet l'une des parties de cette terre, l'une des parties de cet État, de cette société, de cette famille, à laquelle on est joint par sa demeure, par son serment, par sa naissance, et qu'il faut toujours préférer les intérêts du tout dont on est une partie ». Cette considération « est la source et l'origine de toutes les plus héroïques actions que fassent les hommes ». Chaque homme est donc obligé « de procurer, autant qu'il est en lui, le bien de tous les autres, et c'est proprement ne valoir rien que de n'être utile à personne ».

Le résultat pratique de ces connaissances sur

l'être parfait, l'âme, le monde infini et la société universelle, ce sont les divers degrés correspondants de l'amour; car l'amour est la volonté s'unissant aux divers biens que conçoit l'intelligence et passant ainsi de l'indétermination à une détermination progressive. Ici vont s'ouvrir à nos yeux les profondeurs de la morale cartésienne.

Chanut avait posé à Descartes, de la part de Christine, les questions suivantes : « Qu'est-ce que l'amour? » — « La seule lumière nous enseigne-t-elle à aimer Dieu? » Enfin : « Lequel des deux dérèglements est le pire, celui de l'amour ou celui de la haine? » Descartes répond par une lettre qui est un chef-d'œuvre : d'avance y sont condensées les plus belles pages de Spinoza sur l' « amour intellectuel de Dieu », fin suprême de toute morale. Descartes commence par distinguer entre « l'amour qui est purement intellectuelle et celle qui est une passion ». Lorsque notre âme aperçoit quelque bien présent ou absent, « elle se joint à lui de volonté, c'est-à-dire elle se considère soi-même avec ce bien-là comme un tout dont il est une partie, et elle l'autre ». Voilà, de l'amour intellectuel, une définition que ni Pascal ni personne n'a jamais dépassée. Le bien est-il présent, continue Descartes, alors le mouvement de la volonté, « qui accompagne la connaissance qu'elle a que ce qui lui est un bien lui est uni », constitue « la joie ». Est-il absent, c'est la « tristesse »; est-il à acquérir, c'est le « désir ». Dans l'amour, la joie, la tristesse et le désir, ainsi considérés en eux-mêmes et dans leur pureté, il y a toujours volonté et intelligence, il n'y a pas encore *passion*. Sans doute la passion, ce reflet du corps, accompagne d'ordinaire l'amour intellectuel ; ne l'oublions pas cependant, la passion n'est pas l'amour même, le désir n'est pas non plus l'amour : « Un désir fort violent peut être fondé sur une amour qui souvent est faible ». Il faudrait d'ailleurs, remarque Descartes, « écrire un gros volume pour traiter de toutes les choses qui appartiennent à cette passion ». Descartes voudrait lui-même, s'il était possible, que sa lettre devînt ce volume, parce que parler de l'amour c'est en subir le charme, et le naturel de l'amour est de faire qu' « on se communique le plus qu'on peut ». Descartes se communique donc encore, et il distingue excellemment trois sortes d'amour : pour ce qui nous est inférieur, ou égal, ou supérieur. « La nature de l'amour étant de faire qu'on se considère avec l'objet aimé comme un tout dont on n'est qu'une partie, on transfère les soins qu'on a coutume d'avoir pour soi-même à la conservation du tout. » Voilà le principe. Or, si nous nous « joignons de volonté avec un objet que nous estimons *moindre* que nous-même, par exemple si nous aimons « une fleur, un oiseau », nous ne donnons pas notre vie pour ces objets, parce qu'ils sont des parties du tout moindres que nous-même. Au contraire, dit Descartes, s'animant de plus en plus et emporté enfin à cette éloquence qui vient du cœur, « quand deux hommes s'estiment, la charité veut que chacun d'eux estime son ami plus que soi-même; c'est pourquoi leur amitié n'est point parfaite s'ils ne sont prêts de dire en faveur l'un de l'autre : *Me me adsum qui feci, in me convertite ferrum* ». De même quand un particulier se joint de volonté à ses concitoyens et à son pays, si « son amour est parfaite », il ne se doit estimer « que comme une fort petite partie du tout qu'il compose avec eux, et ainsi ne craindre pas plus d'aller à une mort assurée pour leur service qu'on ne craint de tirer un peu de sang de son bras pour faire que le reste du corps se porte mieux. Et on voit tous les jours des exemples de cette amour, même en des personnes de basse condition, qui donnent leur vie de bon cœur pour le bien de leur pays. » De là suit cette dernière conséquence, que nous pouvons aimer non seulement nos inférieurs, nos égaux, nos supérieurs, mais ce qui est supérieur à tout le reste, Dieu. Et notre amour envers Dieu « doit être sans comparaison la plus grande et la plus parfaite de toutes ».

Telle est la réponse de Descartes au premier problème posé par Christine. Maintenant, pour passer au second, pouvons-nous « véritablement aimer Dieu par la seule force de notre nature »? — C'est ici que les théologiens vont dresser l'oreille. — « Je n'en fais aucun doute », répond Descartes sans hésiter. « Je n'assure point que cette amour soit méritoire sans la grâce, je laisse démêler cela aux théologiens; mais j'ose dire qu'au regard de cette vie, c'est la plus utile et la plus ravissante passion que nous puissions avoir, et même qu'elle peut être la plus forte. » Qu'est-ce en effet que Dieu, sinon un « esprit ou une chose qui pense »? Nous qui sommes « pensée », nous lui ressemblons donc, « et nous venons à nous persuader que notre âme est une émanation de sa souveraine intelligence, *et divinæ quasi particulam auræ* ». Et si nous considérons le monde « sans l'enfermer en une boule, comme ceux qui veulent que le monde soit fini », notre âme s'élargit elle-même, s'égale à l'univers, le dépasse; « et la méditation de toutes ces choses remplit un homme qui les entend bien d'une joie si extrême qu'il pense déjà avoir assez vécu ». Il aime Dieu si parfaitement qu' « il ne désire plus rien au monde »; il ne craint plus « ni la mort, ni les douleurs », et, « recevant avec joie les biens sans avoir aucune crainte des maux, son amour le rend parfaitement heureux ». Nous voilà loin de la « morale de provision ».

Reste le dernier problème, fort subtil : Qu'est-ce qui nous rend pire, d'un amour déréglé ou de la haine? Descartes répond : « Voyant que l'amour, quelque déréglée qu'elle soit, a toujours le bien pour objet, il ne me semble pas qu'elle puisse tant corrompre nos mœurs que la haine, qui ne se propose que le mal ». Voyez plutôt : « Les plus gens de bien deviennent peu à peu méchants lorsqu'ils sont obligés de haïr quelqu'un ». — L'amour déréglé n'en est pas moins, au point de vue des résultats pratiques, plus dangereux parfois que la haine; car l'amour « a plus de force et de vigueur que tout le reste », surtout que la haine; si bien que « ceux qui ont le plus de courage aiment plus ardemment que les autres; et, au contraire, ceux qui sont faibles et lâches sont les plus enclins à la haine ». Si donc l'amour s'attache à des objets indignes, le voilà qui tourne vers le mal la force qu'il avait pour le bien. En conséquence, toute la morale se résume à savoir aimer ce qui est vraiment digne d'amour. Car là est la sagesse, là est la force. Là aussi est la béatitude. Tout notre « contentement », toute notre joie « ne consiste qu'au témoignage intérieur que nous avons d'avoir quelque perfection ». L'échelle de nos perfections est donc celle même de nos joies. Et pourtant, à ce sujet, Descartes avoue qu'il s'est « proposé un doute » : ne vaut-il pas mieux parfois se faire illusion à soi-même « en imaginant les biens qu'on possède plus grands et plus estimables qu'ils ne sont en effet »? Ou faut-il connaître et mesurer la « juste valeur » des choses, « dût-on en devenir plus triste »? — Ah! sans doute, si la joie telle quelle, et d'où qu'elle vienne, était le « souverain bien », il faudrait alors « se rendre joyeux à quelque prix que ce pût être », il faudrait approuver même la brutalité de ceux qui « noient leurs déplaisirs dans le vin ou qui les étourdissent avec du tabac ». — Mais non, s'écrie Descartes : « C'est une plus grande perfection de connaître la vérité, encore même qu'elle soit à notre désavantage, que de l'ignorer »; mieux vaut donc être

« moins gai et avoir plus de connaissance ». Aussi n'est-ce pas toujours « lorsqu'on a le plus de gaîté qu'on a l'esprit plus satisfait »; au contraire, « les grandes joies sont ordinairement mornes et sérieuses, et il n'y a que les médiocres et passagères qui soient accompagnées du rire ». Ne nous dupons donc jamais nous-mêmes par de fausses imaginations et de faux plaisirs : « L'âme sent une amertume intérieure en s'apercevant qu'ils sont faux ».

En somme, c'est dans l'intime harmonie de la volonté et de l'intelligence que Descartes place, avec la liberté, l'amour, avec l'amour, la vertu, avec la vertu, la béatitude. En lisant ces pages de Descartes, où l'enthousiasme métaphysique prend l'accent même de la passion, on croit entendre résonner d'avance la voix grave de Spinoza, qui, mêlant à ses déductions géométriques une poésie austère, démontre et chante tout ensemble l' « amour intellectuel de Dieu ».

Si, au lieu d'écrire des livres de longue haleine (et de lecture souvent difficile) sur presque toutes les sciences et sur presque toutes les parties de la philosophie, il avait plu à Descartes de jeter au hasard sur le papier ses réflexions, comme Pascal; ou si, de ses œuvres trop vastes et trop riches, on prenait la peine d'extraire les principales pensées, de les isoler dans leur grandeur, de rendre ainsi chacune d'elles plus saillante et plus suggestive, de la faire mieux retentir aux esprits en l'enveloppant pour ainsi dire de silence, on aurait un livre comparable et peut-être supérieur, non pour le style sans doute, mais pour la profondeur et l'infinité des idées, au monument inachevé de Pascal.

Sur le dernier problème de la morale et de la métaphysique, l'immortalité personnelle, Descartes répond parfois comme Socrate : « Je confesse que, par la seule raison naturelle, nous pouvons bien faire beaucoup de conjectures à notre avantage et avoir de belles espérances, mais non point aucune assurance ». De sa doctrine générale il résulte bien que la pensée est essentiellement distincte de l'étendue et qu'elle est certaine de sa propre existence au moment même où elle pense; mais, en dehors de ce moment, elle ne peut trouver son soutien et sa garantie que dans l'idée de Dieu. Si, d'ailleurs, en vertu même de l'« immutabilité divine », il y a permanence de la même quantité de mouvement dans l'univers, il doit y avoir aussi permanence de la pensée et de l'existence intellectuelle. Mais ce qui constitue notre individualité propre est-il nécessairement durable ? Subsisterons-nous non seulement dans notre vie rationnelle, mais aussi dans notre vie affective, si intimement liée à notre vie sensitive ? — Ce sont des problèmes que Descartes refuse le plus souvent d'aborder : il s'en remet à la foi. Cependant, avec quelques amis, il consent « à passer les bornes de philosopher qu'il s'est prescrites ». Il admet alors une « mémoire intellectuelle », différente de la sensitive, qui peut survivre après la mort, et il écrit que nous retrouverons « ceux qui nous sont chers ».

Ailleurs, mêlant à sa philosophie la théologie néo-platonicienne et chrétienne, il fait le tableau de ce que pourrait être la « connaissance intuitive » de Dieu dans une vie toute spirituelle : il en trouve le type, même ici-bas, dans la connaissance intuitive que la pensée a d'elle-même : « Quoique votre imagination, qui se mêle importunément dans vos pensées, diminue la clarté de votre connaissance, la voulant revêtir de ses figures, elle vous est pourtant une preuve de la capacité de nos âmes à recevoir de Dieu une connaissance intuitive ». Et c'est là cette « belle espérance » que nous pouvons, selon Descartes comme selon Socrate, fonder sur notre seule raison.

Voulez-vous comprendre mieux encore et la morale incomprise de Descartes et son influence trop méconnue sur la sécularisation de la science des mœurs, en même temps que de la théologie rationnelle, considérez la morale cartésienne chez Spinoza, en son plein développement et comme à son apothéose. Le principal objet de Spinoza fut précisément la construction et l'achèvement de l'éthique, dont Descartes n'avait eu le temps que de donner les principes et les dernières conclusions. Puisqu'il suffit, selon Descartes, de « bien penser » pour « bien faire », la morale doit être identique en son fond avec la métaphysique elle-même. C'est pour cette raison que Spinoza donne à toute sa philosophie le nom d'*éthique*. Nous conviant à le suivre, il s'avance de démonstration en démonstration, et chaque pas dans la découverte de la vérité est en même temps un degré atteint dans la sagesse. La morale consiste à se transporter au centre même de toute vérité et de tout être, dans l'idée de Dieu, et à retrouver l'ordre dans lequel les choses dérivent de la source inépuisable. Dès la première définition, dès le premier théorème, nous entrons, pour ainsi dire, dans la vie éternelle, puisque nous commençons à voir les choses « sous l'aspect de l'éternité » ; de conclusion en conclusion, avec notre science, s'accroît notre participation à l'éternité même. Les voiles peu à peu se dissipent, les apparences sensibles, comme des nuages dont l'agitation cachait la sérénité du ciel immuable, s'évanouissent; nous comprenons, nous voyons les réalités, car « les vrais yeux de l'âme, ces yeux qui lui font voir et observer les choses, ce sont les démonstrations ». En même temps que la clarté se fait dans nos pensées, nos passions se calment; la « servitude » se change peu à peu en « liberté », par cela même en béatitude; pénétrant le sens du monde, nous vivons la véritable vie, « nous sentons, nous éprouvons que nous sommes éternels ». La morale, c'est la divinisation progressive de l'homme par la science. L'ignorant, « que l'aveugle passion conduit », est agité en mille sens divers par les causes extérieures et ne possède jamais la véritable paix de l'âme; « pour lui, cesser de pâtir, c'est cesser d'être ». Au contraire, « l'âme du sage peut à peine être troublée. Possédant par une sorte de nécessité éternelle la conscience de soi-même, et de Dieu, et des choses, jamais il ne cesse d'être, et la véritable paix de l'âme, il la possède pour toujours. » En même temps il a, pour Dieu et pour les hommes, l'amour éternel, car « il n'y a d'amour éternel que l'amour intellectuel ». « L'amour de Dieu pour les hommes et l'amour intellectuel des hommes pour Dieu ne sont qu'une seule et même chose. » Ceci nous fait clairement comprendre, conclut Spinoza, en quoi consiste notre salut, notre béatitude; savoir : « dans un amour constant et éternel pour Dieu, ou, si l'on veut, dans l'amour de Dieu pour nous ».

LIVRE IV

L'INFLUENCE DE DESCARTES DANS LA LITTÉRATURE ET DANS LA PHILOSOPHIE

I. — Descartes conçoit naturellement le beau sur le type du vrai. Il disait un jour à Mme du Rosay qu'il ne connaissait pas de beauté comparable à celle de la vérité. Il ajoutait une autre fois que les trois choses les plus difficiles à rencontrer sont une belle femme, un bon livre, un parfait prédicateur. Chez une femme « parfaitement belle », la beauté ne consiste pas « dans l'éclat de quelques parties en particulier » ; c'est « un accord et un tempérament si juste de toutes les parties ensemble, qu'il n'y en a aucune qui l'emporte par-dessus les autres, de peur que, la proportion n'étant pas bien gardée dans le reste, le composé n'en soit moins parfait ». On reconnaît ici l'esprit scientifique de Descartes, amoureux de ce qui est ordonné et systématisé, par cela même rationnel. Dans le corps vivant, selon lui, « la santé n'est jamais plus parfaite que lorsqu'elle se fait le moins sentir » ; la santé de l'âme est la connaissance du vrai : « quand on la possède, on n'y pense plus » ; il en est de même pour la santé dans les œuvres d'art, qui donne leur valeur fondamentale à la parole et au style. Le peuple, il est vrai, a coutume de se laisser charmer par des « beautés trompeuses et contrefaites » ; mais le teint et le coloris d'une belle jeune fille est différent « du fard et du vermillon d'une vieille qui fait l'amour ».

Descartes commença, nous dit-il, par être épris de la poésie, et ses derniers écrits furent des vers composés pour les fêtes qui, à Stockholm, suivirent la paix de Munster. Mais c'est la poésie abstraite des mathématiques et de la métaphysique qui devait surtout l'absorber. Un autre art généralement aimé des philosophes est la musique, où il semble que les harmonies intelligibles se font sensibles à l'oreille et au cœur; Descartes eut toujours un grand goût pour cet art : un de ses délassements favoris était d'entendre des concerts. En même temps la théorie de la musique, comme toutes les théories, l'attirait : il y retrouvait en action ses chères mathématiques. On sait que son premier ouvrage fut un *Traité de musique*, où se montre déjà la tendance à tout analyser géométriquement. Descartes fait de la musique une sorte de science déductive; il pose des principes d'où il tire démonstrativement l'explication des plaisirs de l'oreille. Il admet, ce qui est aujourd'hui prouvé, que les nombres des vibrations produisant les notes sont en raison inverse des longueurs des cordes. Il soutient le premier que les tierces majeures ne sont pas, comme les Grecs l'admettaient, discordantes, mais concordantes — ce qui prouve que le « tempérament moderne », qui adoucit la tierce, devait déjà être en usage. Descartes fit un jour remarquer à un musicien de ses amis que « la différence qui est entre les demi-tons majeurs et mineurs est fort sensible » ; et après qu'il la lui eut fait remarquer, le musicien, si bien averti par le philosophe, « ne pouvait plus souffrir les accords où elle n'était pas observée ». — « Je serais bien aise, écrit Descartes à Mersenne à propos d'un compositeur d'alors, de voir la musique de cet auteur, où vous dites qu'il pratique la dissonance en tant de façons. »

Malgré son goût pour la poésie et la musique, Descartes n'était point vraiment artiste, mais philosophe et savant. Cousin, Nisard et plus récemment M. Krantz ont exagéré son influence littéraire sur son siècle, tandis que M. Brunetière nous paraît l'avoir trop diminuée. Ce n'est pas par le style de ses ouvrages que Descartes eut le plus d'action, c'est par la force de sa pensée. La grande et véritable influence littéraire est celle qui s'exerce par le dedans, celle qui vivifie la forme en renouvelant le fonds même des idées : cette action d'autant plus intime qu'elle est plus cachée, Descartes l'exerça sur la littérature de son siècle. Pas un des grands écrivains d'alors qui n'ait agité les problèmes par lui posés, qui n'ait lu et médité ses écrits, qui n'ait pris parti pour ou contre sa doctrine du monde, de l'homme, des animaux. On était pour la tradition ou pour la nouveauté, pour les anciens ou pour les modernes. La grande querelle littéraire et philosophique concernant le progrès fut soulevée, comme on sait, par les disciples de Descartes, les Perrault, les Fontenelle, les Terrasson; et elle se prolongea jusque vers le milieu du XVIIIe siècle.

Avec le *Discours de la méthode*, la langue française prend dans la science la place de la langue latine. Les questions les plus ardues, qu'on croyait impossibles à exposer sans la terminologie de l'école, Descartes les aborde de manière à être compris de tous. S'il écrit en français, c'est, dit-il, qu'il préfère la « langue de son pays » au latin, qui « est celle de ses précepteurs ». De plus, ceux qui ne se servent « que de leur raison naturelle toute pure » jugeront mieux de ses opinions que « ceux qui ne croient qu'aux livres anciens ». On a remarqué depuis longtemps que par le *Discours de la méthode* Descartes avait donné l'exemple d'une composition régulière et sévère, d'un enchaînement indissoluble dans les idées, d'une dialectique serrée et subtile, de la « méthode » enfin substituée à la fantaisie et aux digressions si fréquentes chez ses devanciers. Ajoutez-y l'autorité et la gravité du ton, qui n'exclut pas à l'occasion une certaine ironie, l'exactitude scrupuleuse et la précision, cette clarté que Vauvenargues appelait la bonne foi des philosophes; une simplicité et une sincérité de style qui ont je ne sais quoi de naïf et de viril tout ensemble; rien de déclamatoire, des comparaisons qui ont pour but non pas d'orner, mais d'illuminer les raisons, le sensible au service de l'intelligible, en un mot l'éloquence des idées. Ce sont déjà, avec moins d'imagination et de verve, les qualités fondamentales du livre des *Provinciales*. Les adversaires eux-mêmes de Descartes assuraient qu' « ils n'avaient rien lu dans aucune langue de si fort ni de si pressé ». C'est surtout dans la méditation que Descartes excelle : seul en face de sa pensée, il réfléchit, il analyse, il développe ses longues « chaînes de raisons »; on assiste à ce travail intérieur : il semble qu'on l'entende penser tout haut. Ce qu'on peut reprocher à son style, c'est d'être encore trop embarrassé des constructions latines. Son français se traduit en latin et son latin en français sans trop y perdre. Souvent traînante et peu souple, la phrase n'est pas exempte de gaucherie; le mouvement en est trop mesuré et trop calme, le coloris et le relief manquent. C'est une sorte de géométrie à deux dimensions, d'où la troisième est absente : point de ces perspectives qui, derrière les surfaces éclairées, font entrevoir dans l'ombre les profondeurs.

Sous la sincérité même de Descartes on sent une certaine retenue, des précautions sans nombre, la prudence politique jointe à l'amour ardent de la vérité; mais on peut, en somme, lui appliquer ce qu'il a dit de Balzac, non sans quelque retour sur soi : « S'il n'ignore pas qu'il est quelquefois permis d'appuyer par de bonnes raisons les propositions les plus paradoxales et d'éviter avec adresse les vérités un peu périlleuses, on aperçoit néanmoins dans ses écrits une certaine liberté généreuse, qui fait assez voir qu'il n'y a rien qui lui soit plus insupportable que de mentir ».

L'extrême importance attribuée par Descartes à la méthode et à la recherche de la vérité rationnelle ne pouvait manquer de réagir à la longue sur toutes les œuvres de l'esprit, de contribuer à faire dominer la raison, la déduction, l'amour des idées générales et de la beauté abstraite. Les habitudes de réflexion, de méditation intérieure, d'analyse métaphysique et psychologique, étaient d'ailleurs en harmonie avec les tendances du siècle. « L'essence universelle de la personne humaine », voilà l'objet principal de cette littérature comme de cette philosophie. La clarté, signe de vérité, devient aussi un signe de beauté : le mystérieux et l'obscur sont bannis. Au XVIIIe siècle, du précepte de Descartes sur les idées *claires* on ne devait trop souvent retenir que le sens superficiel, et c'est ce qui fait qu'on a pu définir la philosophie de Voltaire, en particulier, un chaos d'idées claires. Ce n'est point cette clarté de surface que voulait désigner Descartes, mais au contraire celle des éléments les plus profonds et les plus irréductibles, seuls « évidents » par eux-mêmes. Voltaire regarde l'eau couler et miroiter, Descartes y plonge.

Les vues de Descartes sur la nature, réduite à un simple mécanisme, ont favorisé le détachement de l'époque (qui datait déjà du siècle précédent) à l'égard des spectacles pittoresques. La vie se ramenant à un machinisme, l'extrême complexité qui constitue un individu concret tend à être remplacée par un théorème développant ses corollaires. Spinoza ne fut pas le seul à étudier les passions et les caractères *more geometrico*. Dans l'homme même, ce n'est pas la société ou l'État, mais l'individu que l'on considère au XVIIe siècle : les questions politiques sont mises à l'écart. Descartes avait donné l'exemple, et ce n'est pas sous le régime de Louis XIV qu'on pouvait s'en départir. L'homme intérieur et presque abstrait, en dehors des temps et des lieux, devenait donc de plus en plus l'objet exclusif d'un idéalisme un peu sec, d'une littérature dont on a justement opposé la tendance étroitement subjective à l'objectivité large de la littérature antique. Celle-ci n'était pas ainsi bornée à l'homme, étrangère à la nature extérieure, ennemie de l'obscur et de l'infini, par cela même du vivant, tout absorbée dans le domaine de la pensée pure, sous l'inflexible discipline de règles trop rationnelles. L'habitude de la déduction exacte, favorisée par l'esprit mathématique de Descartes, devait s'étendre plus tard jusqu'aux questions de la vie morale et politique; de là, dans notre littérature, l'abus du raisonnement simple et rectiligne, jusqu'en des questions qui, enveloppant un nombre incalculable de données, débordent de toutes parts notre étroite logique.

Est-ce à dire qu'on doive aujourd'hui, par une

réaction exagérée, prétendre que, plus les idées nous paraissent rigoureuses et rationnelles, plus aussi elles sont humaines, artificielles et non pas naturelles dans le sens strict du mot; que s'attacher à ces idées, c'est encore faire revivre, quoique sous une forme plus noble, l'antique anthropomorphisme? Descartes répondrait que la rigueur logique et même mathématique ne consiste pas à négliger, dans un problème, les données essentielles et à le simplifier artificiellement, mais bien à tenir compte de toutes les données réelles et, si on ne peut les embrasser entièrement, à ne conclure qu'avec des réserves précises. Le tireur qui vise le mieux est celui qui tient compte de toutes les circonstances, et c'est aussi le plus logique. Le rationnel, loin de s'opposer au naturel, l'embrasse progressivement. Et notre science, après tout, ne peut rien faire de plus. Si la logique est valable pour la nature comme pour l'homme, produit de la nature même, raisonner n'est plus seulement humain, mais universel. Si « dans toute pensée il y a de l'être », dans tout être il y a quelque chose de saisissable à la pensée.

II. — L'influence de Descartes a pu être contestée en ce qui regarde la morale et la littérature, mais il est bien difficile de la contester dans le domaine de la science et de la philosophie. On a essayé pourtant de la réduire à des proportions assez étroites, en ce qui concerne du moins le XVIIe siècle. Selon M. Brunetière, le cartésianisme aurait d'abord « peu réussi » avec des disciples « rares », et fait « pendant plus de cinquante ans des conquêtes modestes ». — Si grande, répondrons-nous, était devenue la réputation de Descartes que son dernier voyage en France lui fut « commandé comme de la part du roi ». Pour le convier à le faire, on lui avait envoyé « des lettres en parchemin et fort bien scellées, dit-il, qui contenaient des éloges plus grands que je n'en méritais, et le don d'une pension assez honnête ». Seulement, ajoute-t-il, aucun de ces hommes de cour « n'a témoigné vouloir connaître autre chose de moi que mon visage; en sorte que j'ai sujet de croire qu'ils me voulaient seulement avoir en France comme un éléphant ou une panthère, à cause de la rareté, et non point pour y être utile à quelque chose ». Si la reine Christine appela Descartes près d'elle, c'est sans doute que la réputation du philosophe était européenne.

A peine Descartes est-il mort qu'il n'est plus possible, dit un de ses biographes, de compter le nombre de ses disciples. Dè son vivant même, on sait quel avait été le succès de sa doctrine en Hollande, et à quelles luttes elle donna lieu. On y publia des ouvrages innombrables, thèses, commentaires, expositions, apologies, poésies, en faveur de Descartes. En France, il eut tout de suite de nombreux disciples dans les congrégations religieuses et dans le clergé; les jésuites mêmes lui furent d'abord favorables. Mais c'est surtout dans le nouvel Oratoire, à Port-Royal et parmi les bénédictins qu'il trouva des partisans enthousiastes, tels qu'Arnauld,

Nicole et Malebranche. Le prince de Condé et d'autres grands seigneurs se font les protecteurs du cartésianisme. Mme de Sévigné nous montre l'agitation produite dans les salons et chez les beaux esprits par la doctrine nouvelle. Mme de Grignan, la duchesse du Maine, la marquise de Sablé et autres grandes dames sont célèbres pour leur connaissance de cette philosophie que La Fontaine appelait « engageante et hardie ». Dans Molière — un admirateur de Gassendi, — les femmes savantes dissertent sur les tourbillons, sur la substance pensante, et leur idéalisme outré traite le corps de « guenille », comme Descartes disait à Gassendi : « ô chair ! » Des réunions scientifiques particulières, auxquelles Descartes lui-même avait pris part, sont les avant-courrières de l'Académie des Sciences. Fondée en 1666, celle-ci fit triompher les nouvelles méthodes de Descartes, et l'on put la considérer comme l'établissement régulier des principes cartésiens en France. La réaction devait, comme en Hollande, venir des théologiens. Les jésuites, les premiers, sentirent le danger : on leur doit la condamnation et la mise à l'index de tous les ouvrages philosophiques de Descartes. En vain Arnauld relève avec ironie les ignorances de la sacrée congrégation, qui permet la lecture de Gassendi et prohibe celle de Descartes. La cour, au moment de la cérémonie funèbre de Sainte-Geneviève, interdit de prononcer l'éloge du philosophe. On oblige tous les candidats aux chaires de philosophie à renier les théories cartésiennes. L'Université veut faire renouveler par le parlement l'arrêt de 1625 et interdire, sous les peines les plus graves, les opinions de Descartes. C'est alors que Boileau compose son arrêt burlesque « qui bannit à perpétuité la Raison des écoles de l'Université, lui fait défense d'y entrer troubler et inquiéter Aristote ». Par crainte du ridicule, l'Université supprime sa requête au parlement. Mais les jésuites avaient trop de puissance. Voyant que l'Oratoire et Port-Royal étaient infestés à la fois de jansénisme et de cartésianisme, ils dirigent de ce côté tous leurs efforts. Arnauld se réfugie en Belgique, Malebranche est obligé de publier ses œuvres au dehors. Le roi écrit au recteur de l'Université d'Angers pour lui défendre de laisser enseigner « les opinions et sentiments de Descartes ». A Caen, on suspend, on exile les professeurs cartésiens. La persécution ne finit qu'en 1690. Elle n'empêcha pas la rapide et universelle propagation du cartésianisme, confessée par ses ennemis mêmes.

Ce qui est bien plus important que l'histoire extérieure du cartésianisme, c'est ce qu'on pourrait appeler son histoire intérieure. Toute la philosophie qui a suivi Descartes relève de lui, soit comme application de sa méthode, soit comme déduction et extension de ses principes, soit comme opposition, critique, correction, réfutation de ses idées sur les rapports de la pensée à la réalité, sur le monde, sur l'homme et sur Dieu. Un seul penseur, depuis Descartes jusqu'à nos jours, a pu introduire dans la philosophie un nouveau point de vue, — qui encore avait été pressenti par Descartes même et auquel on ne pouvait parvenir qu'en le continuant : c'est Kant. En métaphysique, Descartes a une triple lignée : tous les naturalistes, tous les idéalistes, enfin tous ceux qui professent la « primordialité de la volonté ». Son système, en effet, nous a offert trois « ordres » superposés dans leur hiérarchie : le mécanisme, la pensée, enfin la volonté, où Pascal verra le principe de la charité, Kant, celui de la justice, Schopenhauer, celui du renoncement à la vie et de la suprême abnégation. Après avoir été d'abord cartésien, Pascal a beau se retourner contre Descartes, jusque dans sa fameuse « Apologie » il conserve les principes fondamentaux du cartésianisme : essence de l'homme mise en la pensée, irréductibilité des deux mondes de la pensée et de l'étendue, mécanisme essentiel au monde physique; « tout se fait par figure et mouvement », avoue Pascal, au moment même où il reproche à Descartes de vouloir pénétrer dans le détail des phénomènes et faire ainsi avancer les sciences. Enfin, chez Pascal comme chez Descartes, il y a les « trois ordres »; et le troisième, supérieur à la pensée et à l'étendue, c'est le domaine de la volonté infinie, insondable, incompréhensible, où Descartes avait placé la dernière raison de toutes choses.

Mais Pascal entrevoit avec inquiétude la révolution qui se prépare dans les esprits; il jette sur un carré de papier les lignes auxquelles nous faisions tout à l'heure allusion : « *Descartes*. Il faut dire en gros : cela se fait par figure et mouvement; car cela est vrai. Mais de dire quels et composer la matière, cela est ridicule; car cela est inutile, et incertain, et pénible. » Ridicule! Pourquoi donc Pascal avait-il fait lui-même ses fameuses expériences, auxquelles il tenait tant, sur l'ascension des liquides? « Et quand cela serait vrai, dit-il encore, nous n'estimons pas que toute la philosophie vaille une heure de peine. » Toute la philosophie, ici, remarquons-le, c'est aussi toute la science! Pascal éprouve cependant une hésitation, un regret peut-être, — et il barre cette pensée; mais, plus loin, il y revient : « Écrire contre ceux qui approfondissent trop les sciences. Descartes. » Et enfin, dans une autre note : « Descartes inutile et incertain ». — Non, mais dangereux peut-être pour l'orthodoxie catholique.

Le danger n'était pas immédiat; aussi voyons-nous Bossuet et Fénelon, qui, en philosophie, ont plus de sagesse que d'originalité, combiner Descartes avec saint Augustin et saint Thomas. Bossuet, il est vrai, dans sa fameuse lettre à un disciple de Malebranche, parle du « grand combat qui se prépare contre l'Église sous le *nom* de philosophie cartésienne », mais il ajoute, à deux reprises, que les principes de Descartes sont, « à son avis, *mal* entendus ». Et les doctrines cartésiennes dont Bossuet parle ainsi étaient alors proscrites par les arrêts du Conseil du roi, et Bossuet occupait une position officielle. Pour directeur ordinaire du dauphin, c'est un cartésien que Bossuet choisit : Cordemoy. Il retient le cartésien Pourchot dans l'enseignement public « à cause du bien qu'il en espère ». Huet lui-même, appelé pour venir en aide à l'éducation du dauphin, était alors cartésien. Des poésies du temps relèvent ironiquement cette contradiction : le cartésianisme proscrit par le roi et cependant chargé par ce même roi de l'éducation du dauphin. Le versificateur fait prédire par Descartes lui-même le triomphe final de sa doctrine :

Louis

M'en donne aujourd'hui sa parole,
Puisqu'il veut, grâce à Bossuet,
Grâce à l'incomparable Huet,
Que ce soit moi qui, par leur bouche,
Donne tous les jours quelque touche,
Pour de son fils faire un portrait
Qui nous montre un prince parfait.

Bossuet et Fénelon admettent toutes les preuves cartésiennes de l'existence de Dieu, qu'ils prétendent retrouver dans saint Augustin et dans saint Thomas, et dont ils ne saisissent pas toujours le côté original; mais ils y joignent la preuve populaire et éminemment religieuse par les causes finales. Le cartésianisme perd ainsi, chez eux, sa puissance métaphysique. Ils n'en insistent pas moins, avec Descartes, sur l'idée du parfait et de l'infini; eux aussi voient dans la perfection « non l'obstacle à l'être », mais la « raison d'être ». A Descartes, d'ailleurs, remonte l'influence exercée en métaphysique par l'idée de l'infini.

Le vrai successeur du maître, c'est Malebranche. Chez lui, la théorie des idées « naturelles » aboutit à un franc idéalisme. On se souvient que, pour Descartes, rien ne peut venir à l'âme « des objets extérieurs par l'entremise des sens ; que quelques mouvements corporels », c'est-à-dire la sensation actuelle de ces mouvements, résultant de l'unité fondamentale du corps et de l'esprit ; « mais ni ces mouvements même, ni les figures qui en proviennent, ne sont conçus par nous tels qu'ils sont dans les organes des sens » ; c'est notre conscience qui se met à produire, sous l'excitation extérieure, certaines modifications ou idées correspondant aux mouvements des organes sensoriels, mais non semblables à ces mouvements. « D'où il suit que même les idées du mouvement et des figures sont naturellement en nous », c'est-à-dire formées par nous selon les lois de notre nature pensante ou de notre esprit.

Aussi n'y a-t-il « point de chose, dit Descartes à Gassendi, dont on connaisse tant d'attributs que de notre esprit », car « autant on en connaît dans les autres choses, autant on en peut comporter dans l'esprit, de ce qu'il les connaît ». Je connais l'étendue, donc c'est un des attributs de ma pensée que de pouvoir la connaître, et je porte ainsi en moi cette étendue intelligible dont parlera Malebranche. Je connais le mouvement, la figure, le nombre, la durée, donc j'ai autant d'attributs, qui répondent à ces objets intelligibles. Je ne connais les choses, après tout, qu'en moi-même ; il faut donc que toutes les richesses qui me paraissent extérieures soient, d'une certaine manière, dans ma conscience : c'est le monde des idées, que Platon avait déjà contemplé, que Malebranche retrouve à son tour par l'intermédiaire de Descartes.

Ce n'est pas tout. Descartes avait dit : nous ne sommes certains de l'existence des objets finis que par notre idée de l'infini. Faisant un pas de plus, Malebranche arrive à sa doctrine bien connue : nous voyons toutes choses en Dieu, et nous voyons Dieu ou l'infini en lui-même, par une vision intuitive, sans l'intermédiaire d'aucune idée. Platon et Descartes sont ainsi conciliés. « Le néant n'est point intelligible ou visible ; ne rien voir, c'est ne point voir ; ne rien penser, c'est ne point penser. » D'où il suit que « tout ce que l'on voit clairement, directement, immédiatement, existe nécessairement ». C'est le principe de Descartes poussé à l'extrême, jusqu'à la complète identité du sujet et de l'objet. Première conséquence : nous n'avons plus seulement, comme Descartes le pensait, une « idée de Dieu », mais une vision immédiate et intuitive de Dieu même. « Rien ne peut représenter Dieu ; si donc on y pense, il faut qu'il soit.... L'infini est à lui-même son idée. » Les preuves tirées de l'infini « sont preuves de simple vue ». De là dérive encore une conséquence importante. Si nous voyons toutes les choses dans leur idée et en Dieu, à quoi bon une matière réelle? L'existence de la matière devient donc — pour la raison, et indépendamment de la foi — ce qu'il y a de plus inutile. Descartes n'a-t-il pas lui-même montré que nous ne connaissons point les choses extérieures en elles-mêmes, mais en nous, témoin le manchot qui souffre du bras qu'il n'a plus. L'idée du bras peut donc remplacer le bras! « Il y a donc un bras idéal qui fait mal au manchot, un bras qui l'affecte seul d'une perception désagréable, un bras efficace et représentatif de son bras inefficace, un bras par conséquent auquel il est uni plus immédiatement qu'à son propre bras, supposé même qu'il l'eût encore! » Et ce bras, c'est une idée. Pourquoi tout le reste ne serait-il pas de même une idée? — Mais la terre me *résiste*, objecte-t-on. — Et Malebranche de répondre : « Et mes idées ne me résistent-elles point? Trouvez-moi dans un cercle deux diamètres inégaux! » — Mais alors nous voilà sceptiques et pyrrhoniens. — Au contraire, réplique encore Malebranche, non sans profondeur; c'est vous, avec votre sens commun, qui ne pouvez être assuré qu'un objet réponde à votre idée, puisque celle-ci n'est, à vous en croire, qu' « une modification de votre âme ». Vous ne pouvez être certain « que la chose soit conforme à votre idée, mais seulement que vous la pensez. Donc votre sentiment établit le pyrrhonisme, mais le mien le détruit. » Voilà qui est rétorqué de main de maître. Arnauld se moque pourtant : « Quoique, à la levée du siège de Vienne, écrit-il, les chrétiens n'aperçussent que des Turcs intelligibles, quand les Polonais et les Allemands les perçaient de leurs épées, les Turcs réels n'en étaient pas moins bien tués. » — Sans doute; mais dans le système de Malebranche il y a parfaite harmonie entre les modifications des divers esprits ou, comme nous dirions aujourd'hui, entre les diverses séries de phénomènes psychiques, et cette harmonie a pour unique cause la cause suprême du monde entier. Les Turcs tombaient donc au bon moment, *a tempo*, comme des acteurs sur un théâtre, sans qu'on soit obligé de croire pour cela que l'idée de frapper, comme telle, pût mouvoir les bras des Allemands, et que les épées, comme telles, pussent réellement introduire la douleur dans la conscience des Turcs. « Il n'y a qu'une seule cause qui soit vraiment cause, conclut Malebranche, et l'on ne doit pas s'imaginer que ce qui précède un effet en soit la véritable cause. » Cette cause unique, c'est Dieu. Mais, si Dieu peut tout et fait tout, il n'y a plus qu'à dire : il est tout. C'est ce que va dire Spinoza.

On sait que Leibniz appelait le spinozisme un cartésianisme immodéré; c'est plutôt un cartésianisme rétréci d'une part, approfondi de l'autre. Ce qui est approfondi, c'est le côté intellectualiste; ce qui est rétréci et même supprimé, c'est la part de la volonté.

Comme Descartes, Spinoza admet un monde de la pensée et un monde de l'étendue, mais il n'a pas de peine à montrer que la distinction de substance, établie par Descartes, n'a pas de sens ni de valeur. Il faut donc ramener à l'unité les modes de la pensée et les modes de l'étendue, qui ne sont que les deux développements parallèles d'une même réalité, chaque pensée correspond à un mouvement, chaque mouvement correspond à une pensée : ce sont deux faces inséparables de l'existence, que notre conscience à nous-mêmes nous révèle. « L'ordre et la connexion des idées sont les mêmes que l'ordre et la connexion des choses. »

« Comme les pensées et idées des choses sont enchaînées dans l'esprit, de la même façon les affections du corps ou les images des choses sont enchaînées dans le corps. » Maintenant, quelle est cette réalité fondamentale qui se manifeste par deux développements parallèles? Il ne peut y avoir qu'un seul être qui existe par soi, selon la définition même de Descartes, et conséquemment qu'une seule substance. Cette substance est l'être nécessaire ou Dieu. Comme Descartes, Spinoza démontre Dieu par sa seule idée : puisque « dans toute idée il y a de l'être », comme disait Descartes, et que notre pensée ne saurait vraiment concevoir plus que la réalité ne fournit, dans l'idée de l'être nécessaire est la nécessité même de l'être. Si Dieu n'existait pas, il y aurait dans l'entendement humain quelque chose de plus que dans la nature des choses, ce qui est pour Spinoza une monstrueuse absurdité. L'être parfait existe donc, et sa perfection consiste en une plénitude d'existence qui réalise l'infinité des possibles. Il n'y a donc rien de possible en dehors de lui, et c'est en lui qu'est la réalité de toutes choses.

La « création continuée » n'est que le symbole de

notre perpétuelle inhérence à Dieu même comme soutien et substance dont nous sommes les modes sous la double forme de l'étendue et de la pensée. Au reste il y a une infinité d'autres attributs divins et de faces de la nature qui nous échappent; Descartes avait donc raison de dire que le premier principe est infini et nous dépasse. Il avait raison aussi de dire que l'idée de Dieu est le principe de toute connaissance et de toute certitude. Pour Spinoza, la volonté en Dieu n'est pas autre chose que la nécessité même de son essence; la volonté en l'homme n'est que la nécessité de son entendement. Dès lors, nous n'avons plus un monde « comme volonté et représentation », mais seulement comme représentation : le réel et l'intellectuel sont identifiés, le cartésianisme est ainsi privé de son troisième « ordre ». Quant aux deux autres, pensée et étendue, il n'était pas difficile de les ramener à un seul : qu'est-ce que l'étendue, sinon un mode de représentation applicable à un des aspects universels de la réalité? et qu'est-ce que la pensée, sinon la représentation même? Nous sommes donc bien enfermés par Spinoza dans le monde de la représentation.

Le spinozisme est un long développement de l'argument ontologique, qui non seulement trouve dans l' « essence » de Dieu l' « existence » divine, mais y trouve encore toutes les autres existences. Le rêve de Descartes est réalisé : le monde sort tout entier, par déduction, d'un seul principe, comme un théorème qui déploie la série infinie de ses conséquences. Le mécanisme universel, indépendant de toute finalité, produit tout ce qui peut être produit, détruit tout ce qui peut être détruit. « Cet être éternel et infini que nous nommons Dieu ou Nature, agit comme il existe, avec une égale nécessité. Or, comme il n'existe pas à cause d'une certaine fin, ce n'est pas non plus pour une fin qu'il agit. Cette espèce de cause qu'on appelle finale n'est rien autre chose que l'appétit humain. » Descartes a donc eu raison d'exclure du monde la cause finale : elle n'existe qu'en nous. Elle est notre désir même du bonheur, que la morale doit satisfaire en nous montrant la vraie béatitude dans l'amour intellectuel de l'Être parfait. La morale, c'est l'élévation de l'âme du pessimisme des passions à l'optimisme de la raison.

Dans son *Traité théologico-politique*, Spinoza soutient, comme Descartes, que c'est peine perdue de chercher dans les Écritures la vérité métaphysique, les « idées claires et adéquates ».

L'Écriture ne parle jamais qu'une langue « appropriée aux hommes » et même au vulgaire. Elle a pour but non la science, mais la conduite. La seule chose qu'elle enseigne *claire et distincte*, et qui par cela même est vraie, c'est que pour obéir à Dieu, il faut l'aimer et aimer tous les hommes. Voilà la religion rationnelle et universelle; Spinoza la résume en sept articles de foi, qui ne sont que des articles de raison. Ce que Descartes avait projeté pour les miracles, Spinoza commence à le faire, il montre qu'on pourrait donner des explications naturelles des faits les plus merveilleux. Un miracle, étant contraire à l'universel mécanisme, serait une absurdité. L'ouvrage de Spinoza contient des chapitres d'un haut intérêt, non seulement sur l'interprétation mais aussi sur l'authenticité de l'Écriture. « Spinoza, a dit Strauss, est le père de l'exégèse biblique », qui n'est que la méthode cartésienne transportée dans le domaine de la théologie et de l'histoire.

Rien n'existe dans le monde, disait Descartes, qu'à la condition d'être intelligible, au moins en puissance. Leibniz ajoute : à moins d'être intelligible en acte. Rien n'est qui ne soit actuellement perçu et pensé. Il faut donc qu'à toute condition d'existence réponde une condition de perception, et que l'univers vienne se réfléchir dans des consciences, comme une pluralité se condensant dans l'unité d'un centre de perspective. Tout être véritable est, par la perception et par la pensée, un miroir de l'univers. Chez les êtres imparfaits, chez les monades obscures, la perception demeure elle-même obscure et confuse, sans se rendre compte d'elle-même à elle-même; mais, à mesure qu'on monte, l'univers est de mieux en mieux perçu et compris; au sommet il y a une pensée qui est l'acte même par lequel l'univers réalise sa propre intelligibilité dans une intelligence: Dieu pense, raisonne, calcule, et l'univers se fait.

Leibniz admet le mécanisme cartésien, il le reconnaît suffisant dans la physique, mais non plus dans la métaphysique, et il s'efforce de rétablir la finalité au fond même des êtres. Exister, ce n'est pas seulement être pensé ou penser, c'est agir, faire effort, désirer, tendre à une fin. Partant de ce principe, Leibniz rend la vie à la machine du monde. Mais il n'a pas toujours assez soin de séparer le point de vue de la science et le point de vue de la métaphysique. De là, chez lui, certaines doctrines scientifiques qui, par rapport à Descartes, rétrogradent. Leibniz se perd dans une analyse de la *force* qui nous ramène à la scolastique; au lieu de réserver absolument et constamment toute notion de force à la spéculation métaphysique, il veut introduire cette notion dans les formules de l'algèbre en lui attribuant un sens autre que celui de pur symbole. Il veut même trouver dans les lois mécaniques du mouvement des lois de convenance et de sagesse; il veut, jusque dans le monde visible, restaurer les causes finales. Scientifiquement, malgré ses grandes découvertes mathématiques, Leibniz revient en arrière.

Même au point de vue philosophique, il y a encore plus d'un recul. Cette unité fondamentale de l'être, que le monisme de Spinoza avait si admirablement établie, Leibniz la brise de nouveau, comme un miroir, en une pluralité de morceaux infiniment petits, d'atomes qui sont en même temps, chose incompréhensible, des points mathématiques et des âmes! La prétendue activité de ces monades est d'ailleurs tellement déterminée par les lois d'un développement tout interne et par celles d'une harmonie éternellement préétablie, que leur « spontanéité » ressemble fort à la nécessité.

Le Dieu de Descartes, qui était avant tout une volonté infinie, par conséquent une puissance incompréhensible et impénétrable, pouvait encore se faire adorer en refusant de se laisser comprendre; mais le Dieu de Leibniz, lui, qui est avant tout une intelligence, veut se faire comprendre pour se faire admirer dans son œuvre : il veut, l'imprudent, que nous disions comme lui : cela est bien. Par malheur, toutes les explications ne font que rendre le mal, sous toutes ses formes, de plus en plus inexplicable : le plaidoyer, loin d'absoudre, devient une condamnation : *damnavitque deos.* Si l'optimisme de Spinoza était déjà monstrueux, encore ne représentait-il point le monde comme *moralement* bon, mais simplement comme infini, complet et métaphysiquement parfait; Spinoza ajoutait même que nos idées du bien et du mal, du beau et du laid, appliquées au tout, n'ont plus de sens, qu'il n'y a donc pas de fin morale à chercher pour l'Être en dehors duquel rien n'existe. A celui qui est tout le possible et qui fait l'être de tous les êtres, que demander de plus? Il est ce qu'il est, et en dehors de lui il n'y a rien. Devant un optimisme de ce genre, on peut à la rigueur se résigner — l'optimisme demande toujours une plus ou moins forte dose de résignation; — mais quand Leibniz vient nous dévoiler les plans divins et les voies divines, quand il veut moraliser le mal même; quand il explique la damnation par la nécessité de ne pas compromettre la symétrie du monde et ses lois générales; quand il nous dit que, « pour sauver d'autres hommes ou autrement, il aurait fallu choisir une tout autre suite générale »; que « Dieu choisit le meilleur absolument », et que, « si quelqu'un est méchant et malheureux avec cela, il lui appartenait de l'être »; en entendant ce panégyrique blasphématoire on trouve que, devant le principe inconnaissable d'où tout dérive, il est une attitude plus digne que les cantiques de l'optimisme : le silence. Pour vouloir changer l'adoration en admiration, on la change en indignation.

La théodicée de Leibniz nous ramène à la vieille théologie. Elle est, elle aussi, un retour en arrière.

La vraie supériorité de Leibniz, c'est sa doctrine de l'animation universelle, qui aboutit à placer en toutes choses des perceptions plus ou moins obscures et des appétitions plus ou moins sourdes; c'est l'infinité de l'étendue devenant une infinité de vie, de sensation et de désir; c'est, enfin, l'évolution mécanique se changeant partout en une évolution psychique. Par là le cartésianisme n'est pas détruit, il est complété.

On s'imagine généralement que la philosophie du XVIIIe siècle n'est pas cartésienne; elle l'est au contraire d'esprit et même de doctrine, du moins pour tout ce qui concerne la connaissance de l'homme et celle de la nature. La théologie de Descartes a sombré, sa méthode subsiste, avec sa foi à la raison, à la science, à la puissance que la science confère, à la perfectibilité indéfinie de la science et de ses applications pratiques. Voltaire met à la mode la philosophie de Locke et la physique de Newton; mais qu'est-ce que la philosophie de Locke, sinon une combinaison de Gassendi et de Descartes? Locke reconnaît lui-même que les ouvrages de Descartes ont fait « briller à ses yeux une lumière nouvelle ». Il professe avec Descartes la réduction au mécanisme des qualités secondaires de la matière — comme la couleur, — simples dérivés des qualités primordiales. En combattant les idées innées, c'est la doctrine même de Descartes qu'il soutient sans la reconnaître, car il admet avec Descartes que l'esprit humain « peut infailliblement atteindre certaines vérités universelles par le seul exercice de ses facultés natives ». Il adopte la théorie cartésienne des esprits animaux. Il emprunte à Descartes toute sa démonstration de l'existence de Dieu. C'est parce que Locke s'inspire en même temps de Gassendi et de Hobbes qu'il deviendra l'origine d'un courant anticartésien. En psychologie, il reste inférieur à Descartes par l'absence du point de vue physiologique. Avec Locke, le divorce de la philosophie et de la science débute : voici venir les écossais et les éclectiques.

Descartes et Malebranche n'en triomphent pas moins de plus en plus avec les idéalistes anglais : Norris, l'auteur de la « théorie du monde idéal et intelligible », Collier et surtout Berkeley, qui avait déjà médité et approfondi Malebranche à Trinity-College. Berkeley sent si bien la parenté de son système avec celui de Malebranche, qu'il n'a rien tant à cœur que d'établir des oppositions entre les deux. Pourtant n'admet-il pas, lui aussi, que ce monde extérieur, avec ses couleurs et ses formes, est un ensemble de perceptions et d'idées qui n'existent que dans des esprits? « Exister, c'est être perçu ou percevoir », ou encore « vouloir ». Descartes disait : exister, c'est être pensé ou penser, ou vouloir. La substance, que Descartes conservait pour la pensée, et qu'il avait si grand'peine à distinguer de la pensée même, Berkeley la supprime. Ce quelque chose d'inconnu et d'inintelligible, s'il existait, ne pourrait être que la substance unique de Spinoza. Or, à quoi bon une substance dont nous ne connaissons rien et ne pouvons rien connaître? — Pour donner à nos sensations une cause. — Soit; mais la cause, dit Berkeley, c'est ce qui *agit*; les vraies causes de nos sensations ne peuvent donc être réellement inertes, c'est-à-dire réellement matérielles : elles sont actives et spirituelles; elles sont des esprits plus ou moins analogues aux nôtres. « S'il y avait des corps extérieurs, il serait impossible que nous vinssions jamais à les connaître; supposez qu'il n'y en ait pas, nous pourrions avoir exactement les mêmes raisons de croire qu'ils existent. » Ce sont les hypothèses mêmes de Descartes dans ses *Méditations*. Ce qui perçoit, conclut Berkeley, c'est l'esprit actif; ce qui est perçu, c'est l'idée; des idées et des esprits, voilà toute la réalité. — « Ne changez-vous pas toutes choses en idées? — Non, mais bien plutôt les idées en choses. » Qu'on supprime tous les esprits, il n'y aura plus rien. La matière est un simple rapport entre les esprits, c'est l'apparence sous laquelle ils se manifestent les uns aux autres : vouloir et percevoir, c'est donc bien tout l'être. Le monde, c'est ma perception, ma représentation; et s'il y a en dehors de moi quelque chose de supérieur qui fonde la réalité de l'univers, c'est la pensée divine, avec laquelle ma pensée est d'accord.

Voilà donc éliminée la substance, cette idée « obscure » au plus haut point, cette entité scolastique conservée par Descartes contrairement à ses propres principes. Si la substance, pourrait-on dire à Descartes, est une chose au delà de votre pensée, par conséquent un inconnaissable, comment, des distinctions qui sont dans votre pensée, pourrez-vous conclure à des distinctions réelles dans la substance inconnue? Vous qui avez mis en doute le monde extérieur lui-même parce qu'il n'est pas immédiatement compris dans votre pensée, comment allez-vous conclure de votre pensée à des substances qui lui sont encore plus étrangères?

Reste la « cause efficiente », que Descartes avait déjà si fort compromise en la chassant du monde des corps tout entier, où elle se réduisait à de simples rapports mathématiques entre les mouvements. Hume se demande si la cause n'est point, comme la substance, une de ces idées obscures et inintelligibles qu'on admet par une impulsion aveugle. Puisque les cartésiens ont déjà supprimé et la causalité réciproque des corps et la causalité réciproque de l'esprit et du corps, il n'y a plus qu'à se demander ce que peut bien être la causalité intérieure de l'esprit lui-même. Hume n'y voit qu'une succession de pensées devenue si habituelle qu'elle fait l'office d'une nécessité interne. C'est l'analyse et la critique cartésiennes poussées à l'extrême et aboutissant à la dissolution même de la science.

Berkeley et Hume n'ont fait, on le voit, que poursuivre jusqu'à outrance la guerre cartésienne aux idées obscures. Quant à la physique de Newton, elle n'est qu'une application du cartésianisme, mal interprétée d'ailleurs et mal présentée par les disciples mêmes de Newton. Montesquieu, lui, ne s'y trompe pas : il célèbre le système de Descartes dans ses *Lettres persanes*, et il transporte dans le domaine des lois civiles la conception cartésienne des lois comme rapports dérivés uniquement de la nature des choses. Buffon, un des précurseurs de l'évolutionnisme, par beaucoup de côtés, est cartésien. D'Alembert rend pleine justice à Descartes : il reconnaît que, par l'intermédiaire de Locke, de Berkeley, de Hume, de Newton, c'est la philosophie de Descartes qui nous est revenue, à nous, Français : « L'Angleterre nous doit la naissance de cette philosophie que nous avons reçue d'elle ». Diderot commente éloquemment Descartes, il annonce Lamarck et Darwin quand il dit : « La nature n'a peut-être jamais produit qu'un seul acte et semble s'être plu à varier le même mécanisme d'une infinité de manières différentes. Ne croirait-on pas qu'il n'y a jamais eu qu'un premier animal, prototype de tous les animaux, dont la nature n'a fait qu'allonger, raccourcir, transformer, multiplier, oblitérer certains organes? » Les êtres particuliers ne sont jamais, ni dans leur génération, ni dans leur conformation, ni dans leurs usages, « que ce que les résistances, les lois du mouvement et l'ordre universel les déterminent à être ». Si les êtres s'altèrent successivement en passant par les nuances les plus imperceptibles, le temps, qui ne s'arrête point, « doit mettre à la longue entre les formes qui ont existé anciennement, celles qui existent aujourd'hui, celles qui existeront dans les siècles reculés, la différence la plus grande ». De même que, dans les règnes animal et végétal, « un individu commence, pour ainsi dire, s'accroît, dure, dépérit et passe, n'en serait-il pas de même pour des espèces entières? » Ce que nous prenons pour l'histoire de la nature « n'est que l'histoire d'un instant ».

Lamettrie étend à l'homme la conception du pur automatisme; aussi se prétend-il plus cartésien que Descartes même. Condillac emprunte à l'auteur des *Méditations* la distinction de l'esprit et du corps, l'occasionalisme, la théorie de la liaison des idées, la méthode analytique, la fréquente substitution des hypothèses ou des conceptions à l'observation des faits. Turgot est si enthousiaste de Descartes qu'il se plaint, très justement, de le voir sacrifié à Newton dans la physique. Quant à Rousseau, il raconte lui-même comment il fut initié à la philosophie par des maîtres et des auteurs cartésiens, pendant son séjour aux Charmettes. Enfin Condorcet attribue à Descartes tout le grand mouvement du XVIIe siècle, et il continue pour son compte le cartésianisme en célébrant la perfectibilité indéfinie de l'homme. Victor Cousin, on le voit, n'avait pas besoin de « renouer la tradition cartésienne », qui ne fut jamais interrompue, sinon quelque peu par lui-même; car Descartes aurait refusé de se reconnaître dans une doctrine si étrangère aux sciences, d'un spiritualisme si timoré, si rétréci, si intolérant, dans une méthode enfin qui tendait à remplacer l'invention personnelle par l'histoire des anciens systèmes et par cette érudition stérile que l'auteur du *Discours de la méthode* avait particulièrement en horreur.

Le grand continuateur et rénovateur du cartésianisme au XVIIIe siècle, ce fut Kant. Celui-ci n'admet-il pas le mécanisme universel, le déterminisme universel dans la nature et dans les actions humaines, l'idéalité du monde extérieur, l'analyse et la critique des idées comme tâche fondamentale de la philosophie, l'existence de formes *a priori* que l'esprit trouve dans sa propre constitution et qui lui sont « naturelles », enfin la volonté et la liberté comme fond dernier, mais impénétrable, du réel? Schelling et Hegel se rattachent eux-mêmes tout ensemble à Descartes, à Spinoza et à Kant; ils rétablissent au sommet de leur philosophie l'identité suprême de l'être et de la pensée, de l'existence et de l'essence, sur laquelle reposait la démonstration ontologique de Descartes. Quant à Schopenhauer, il reconnaît ouvertement chez le philosophe français le fond même de sa propre doctrine : « En y regardant bien, dit-il, la fameuse proposition de Descartes (le *Cogito*) est l'équivalent de celle qui m'a servi de premier principe : *le monde est ma représentation.* » La seule différence c'est que le *cogito, ergo sum* fait ressortir le caractère immédiat et immédiatement donné du moi pensant, tandis que l'autre proposition fait ressortir le caractère médiat de l'objet pensé. « Toutes deux expriment la même idée, mais par deux côtés différents, l'une en est l'endroit et l'autre l'envers. » Quant au second principe de Schopenhauer, la volonté, c'est encore, nous l'avons vu, celui même de Descartes. La volonté supra-intelligible et irrationnelle que Schopenhauer place à l'origine du monde intelligible et rationnel, qu'est-ce autre chose que la volonté absolue de Descartes, supérieure même aux lois de notre logique et de notre morale? Seulement Descartes, lui, consentait à croire que cette volonté est *bonne*, *parfaite*, *sage* ; Schopenhauer ne trouve point d'identité entre absolu et bon. Il dit d'abord, comme l'avait fait Descartes lui-même : « La Volonté absolue est absolument incompréhensible et insondable », puis, contrairement à Descartes, à Spinoza, à Leibniz, il ajoute : « La manifestation de la Volonté, le monde, ne lui fait pas honneur ». L'optimisme cartésien s'est changé en pessimisme.

III. — Si maintenant, pour conclure, nous essayons

de marquer les lacunes du cartésianisme, nous observons d'abord que Descartes, préoccupé de retirer au monde matériel tout ce que la philosophie ancienne y avait mis de l'homme, de nos sensations, de nos qualités propres, de nos fins, en un mot des formes de notre sensibilité et des aspirations de notre volonté, a laissé la nature entièrement déshumanisée, et lui a même, comme aux animaux, retiré toute vie. L'automatisme des bêtes n'est, chez Descartes, que l'extension de l'automatisme des corps. Cette grande soustraction au monde extérieur de tout élément psychique, ce grand vide creusé autour de nous était alors nécessaire : Descartes montrait par là le légitime point de vue auquel doivent se placer les sciences de la nature. Mais autre est la science proprement dite, qui se contente des rapports extérieurs, autre la philosophie, qui cherche à se représenter l'intérieur des êtres.

Pour le philosophe, deux choses restent à expliquer dont le mécanisme cartésien ne rend pas compte. La première est la cause du mouvement. Descartes se tire d'affaire par le *Deus ex machina*, qui n'est pas une explication. Ce n'est point en dehors du monde, dans quelque chose d'inconnaissable, qu'il faut chercher la cause du mouvement; c'est dans le monde même. En nous, nous saisissons à la fois le mouvement dans l'espace et l'appétition dans le temps; il est donc naturel de se demander si les deux ne sont point la révélation d'une seule et même réalité, et s'il ne faut pas dire : le mouvement, c'est l'appétition ou volonté représentée sous les formes de l'espace, et exerçant son action sur d'autres appétitions ou volontés ; l'origine et le fond du mouvement, c'est le vouloir.

La seconde chose dont Descartes ne rend pas compte, c'est l'apparence sensible. Il a beau dire que l'herbe n'est point verte, que le ciel n'est pas bleu, que le tonnerre n'est pas sonore, que le feu n'est pas chaud et que la glace n'est pas froide : encore faut-il expliquer comment ces apparences sensibles se produisent, comment de simples changements de formes géométriques peuvent nous donner tantôt l'impression du chaud, tantôt celle du froid. Descartes n'a vu dans les choses que la grandeur extensive, c'est-à-dire leur forme ; il n'a pas vu la grandeur intensive, qui est au fond de toute qualité. Nos sensations ne supposent pas seulement des cadres géométriques où elles puissent se ranger, elles offrent un certain degré d'intensité, qui implique une intensité corrélative dans leurs causes. La lumière du soleil est pour nous plus intense que la lumière d'une bougie ; le son du tonnerre est pour nous plus intense que celui d'un ruisseau ; une eau à cinquante degrés donne une sensation de chaleur plus intense qu'une eau à cinq degrés. On peut discuter, on discute encore de nos jours pour savoir si l'intensité est autre chose qu'une certaine qualité ou combinaison de qualités ; si, par exemple, la sensation de lumière plus intense n'est pas simplement une autre qualité de sensation, une autre nuance dans notre manière de sentir, tout comme le bleu est une sensation différente du jaune en qualité. L'intensité, selon certains philosophes, se réduirait donc à la qualité. Selon d'autres, il y a au-dessous de la qualité quelque chose qui n'est pas vraiment la qualité même et qui se retrouve identique sous les diverses sensations : c'est le degré d'intensité, que nous mesurons par notre effort de volonté et par la résistance qu'il rencontre. L'intensité serait alors la conscience d'un déploiement d'activité, de volonté, plus ou moins facile selon que les activités extérieures le favorisent ou le contrarient. Elle correspondrait à la volonté même, comme la qualité correspond à la sensibilité. C'est l'opinion la plus plausible; mais quelque parti qu'on prenne en cette discussion, ce qui est certain, c'est que la qualité et l'intensité ne peuvent se ramener à la quantité pure, au nombre, à l'étendue, au temps et à leurs combinaisons mathématiques. Ce serait vouloir expliquer les choses par leurs contours, par leur nombre, leur place et leur durée, qui nous disent combien elles sont, où elles sont, quand elles sont, mais ne nous disent pas ce qu'elles sont. Savoir selon quel ordre des livres sont rangés dans une bibliothèque, combien il y a de volumes, de quelles dimensions et depuis combien de temps, ce n'est pas connaître le contenu de ces livres. Au monde étendu de Descartes manque un intérieur, quelque chose qui le vivifie. S'il n'y avait qu'étendue au dehors de nous, il n'y aurait rien que d'abstrait, et la nature ne se distinguerait point de notre pensée. La science peut se contenter, à la rigueur, d'un objet *vrai*, la philosophie demande un objet *réel*. Or le réel, tel qu'il est et avec tout ce qu'il est, c'est indivisiblement le physique et le mental, dont Descartes n'a pas assez fait voir la radicale unité ; c'est le contenu entier de l'expérience (par lui trop dédaignée), où on ne distingue le mécanique du psychique que par un artifice analogue à la distinction entre la géométrie des surfaces et la géométrie des solides. Nous tranchons des morceaux dans la réalité, ou plutôt, ne pouvant entamer la réalité même, nous traçons par la pensée des lignes de division *sur* la réalité, et nous essayons ensuite d'établir des rapports entre les divers points de vue d'où nous envisageons les choses. Nous convenons, par exemple, de considérer le mouvement, abstraction faite de tout le reste, ou la conscience et la « pensée », abstraction faite de tout le reste ; puis, ayant oublié à la fin cette abstraction initiale, nous nous écrions, au bout de nos raisonnements : « Le monde pourrait s'expliquer mécaniquement et être complet sans la pensée » ; ou, au contraire : « Le monde pourrait s'expliquer par la pensée et être complet sans le mouvement ». Mais la réalité ne connaît point ces abstractions : il faut l'accepter en bloc. Les lois du mécanisme ne sont qu'un filet où nous pouvons prendre telle et telle chose dans l'océan universel ; il reste toujours à savoir ce qu'est la chose prise. C'est beaucoup, il est vrai, que d'avoir la certitude qu'elle peut toujours être prise; pourtant elle nous échappe par le plus profond de son être. Descartes, après avoir retiré à la nature toute ressemblance avec la conscience et déterminé ainsi le point de vue scientifique, aurait dû aller plus loin : par l'induction philosophique, il aurait dû projeter de nouveau dans la nature, mais sous une forme plus légitime qu'au moyen âge, les éléments de la conscience ou de la vie. S'il a nettement séparé la conscience et l'étendue, il n'a pas, malgré sa tendance idéaliste, achevé de ramener la seconde à la première. Aussi, tout en concevant la philosophie comme la connaissance des choses dans leur unité, il n'est pas parvenu à un véritable « monisme ». Son système est incomplet.

Dans sa partie positive, ce système n'en est pas moins éternellement vrai. Si Descartes revenait parmi nous, il verrait toutes ses grandes doctrines aujourd'hui triomphantes, sa méthode de critique et d'analyse universellement appliquée, étendue même aux questions qu'il avait dû laisser en dehors : religion et politique; — ses découvertes sur l'algèbre générale fécondées par le calcul des infinis, dont elles étaient la préparation; la mathématique universelle dominant toutes les autres sciences; la mécanique absorbant de plus en plus en elle la physique, la chimie, la physiologie; l'unité des phénomènes matériels établie, avec la persistance de la même somme de mouvement, visible ou invisible, et avec l'incessante transformation des mouvements les uns dans les autres; les forces ramenées à des formules du mouvement même; toutes les entités chassées de la science, les causes finales abandonnées dans l'étude de la nature, les genres et les espèces réduits à des points de vue tout humains, et remplacés au dehors par la continuité mécanique des mouvements, par le jeu des formes que ces mouvements engendrent dans l'espace; la vie même se résolvant en un automatisme derrière lequel, du même pas, se développe la série réglée des « pensées »; l'« ondulation réflexe » prise pour type de toutes les explications d'ordre purement physiologique; les faits et gestes des êtres animés constituant une simple réception et restitution de mouvement, sans cesse « réfléchi » des nerfs sur les muscles; le monde entier assimilé par son aspect extérieur à une machine immense, dont les orbites sidérales sont les grandes roues et dont nos organismes sont les petits rouages; les bornes de l'univers reculant dans l'espace comme dans la durée, et tombant enfin pour laisser entrevoir dans tous les sens, par toutes les perspectives, l'infinité; la formation des mondes expliquée par voie de développement « lent et graduel », ou, selon l'expression moderne, d'évolution; la chaîne des êtres se déduisant, comme une série de théorèmes, de quelques lois simples qui développent l'un après l'autre « tous les possibles »; les « tourbillons » eux-mêmes restaurés dans la science par la vaste hypothèse de la nébuleuse; les seules lois du choc, de la répulsion et du mouvement centrifuge rendant compte de ce que les newtoniens avaient pris pour une universelle attraction; la formation des espèces vivantes ramenée aux lois générales du mécanisme; la sélection naturelle remplaçant les créations successives et spéciales; les *types* des espèces vivantes détrônés par des *lois* qui ne connaissent pas plus les genres que les individus; la continuité mathématique rétablie entre les espèces, que nos classifications humaines voulaient séparer par des barrières infranchissables; — puis, intérieurement à ce monde visible où tout est « étendue, figure et mouvement », un autre monde, celui de la « pensée » et de la conscience, plus que jamais inexplicable par le mouvement seul, quoique les deux soient inséparables; les apparences sensibles s'opposant, avec la variété et la complexité de leurs *qualités* propres, au domaine inerte de la quantité homogène et du mouvement; le monde extérieur devenant « notre représentation », un vaste « phénomène » dont la science ne saisit que le côté mécanique; le matériel réduit à un aspect inférieur de la réalité, tandis que la pensée ou conscience se révèle de plus en plus comme la forme supérieure sous laquelle la réalité, existant pour soi, se saisit elle-même; — enfin, au delà de tout ce qui est accessible à la science, de tout ce qui est pensée ou objet de pensée, intelligence ou intelligibilité, le mystère éternel, aussi impénétré que jamais, changeant de nom à travers nos bouches sans cesser de demeurer englouti dans la même nuit et dans le même silence :

Inconnaissable selon les uns, Force, Cause, Substance, enfin Volonté absolue selon les autres, qui l'appellent ainsi du même nom que Descartes. L'attitude seule des esprits a changé devant l'abîme; s'il en est qui adorent encore, d'autres trouvent le Dieu de Descartes et de Spinoza tellement étranger à nos idées humaines du bien et du mal que, devant la profonde indifférence de l'Être d'où sortent les êtres, la foi optimiste se change chez eux en une tristesse pessimiste. Mais ce pessimisme est, lui aussi, une exagération, en sens contraire de l'optimisme. Ne comptant plus que le ciel nous aide, nous pouvons encore nous aider nous-mêmes; si nous n'avons plus les vastes espoirs de Descartes, toute espérance ne nous est pas pour cela interdite; sortis de la nuit, nous n'en montons pas moins vers la lumière. Et où est notre force d'ascension? Elle est dans cette « pensée » où Descartes plaçait avec raison notre essence propre, et où nous entrevoyons aujourd'hui l'essence universelle.

FIN

TABLE DES MATIÈRES

623-19. — Coulommiers. Imp. PAUL BRODARD. — P12-19.

www.ingramcontent.com/pod-product-compliance
Ingram Content Group UK Ltd.
Pitfield, Milton Keynes, MK11 3LW, UK
UKHW020952230726
13923UKWH00007B/266